AF672730

Peter Godzik

Erwachsener Glaube

Lebenseinsichten

Peter Godzik

Erwachsener Glaube

Lebenseinsichten

Für meine Enkelkinder

Der Herr ist der Geist;
wo aber der Geist des Herrn ist, da ist Freiheit.
(2. Korinther 3,17)

Erste Auflage
Copyright © 2018 by Steinmann Verlag,
Rosengarten bei Hamburg
Alle Rechte vorbehalten
ISBN 978-3-927043-70-1
Covergestaltung: Gabriel Steinmann, München
Herstellung: Books on Demand GmbH, Norderstedt

www.steinmannverlag.de

Max Weiler, Laufes, 1961
Eitempera auf Leinwand, 205 x 195 cm
(Copyright: Albertina, Wien. Sammlung Essl, Photoatelier Laut, Wien)

„Als alle Dinge in tiefem Schweigen lagen und die Nacht in der Mitte ihres Laufes war, da kam vom Himmel, vom königlichen Throne, o Herr, Dein allmächtiges Wort."

Titel des Meister-Eckhart-Zyklus von Max Weiler nach dem Buch der Weisheit 18,14-15

Inhalt

Gott geht mit und entäußert sich

Die Rede von Gott ist mir begegnet in den Geschichten des Alten und Neuen Testaments, die mir zuerst von den Eltern und dann in der Schule erzählt worden sind und die ich dann selber im Laufe meines Lebens Stück für Stück weiter entdeckt habe. Und ich bin angesichts dieser Geschichten, die Menschen aus ihrem Leben erzählen, gefragt, ob ich ihnen glaube, ob ich ihnen ihre Erfahrungen mit Gott abnehme, ob ich damit für mein Leben etwas anfangen kann.

Zunächst geht es mir so: Wenn ich in der Bibel über Gott lese, dann bemerke ich Unterschiede. Manchmal wird über Gott geredet wie von einer Mutter. So heißt es im Buch des Propheten Jesaja: „Ich will euch trösten, wie einen seine Mutter tröstet“ (Jesaja 66,13). Oder im Psalm 36: „Wie köstlich ist deine Güte, Gott, dass Menschenkinder unter dem Schatten deiner Flügel Zuflucht haben“ (Psalm 36,8). Manchmal ist von Gott die Rede als dem Vater, einem strengen oder auch mehr liebevollen. Wie es im Psalm 103 heißt: „Wie sich ein Vater über Kinder erbarmt, so erbarmt sich der Herr über die, die ihn fürchten“ (Psalm 103, 13). Oder im 2. Buch Mose: „Werdet ihr nun meiner Stimme gehorchen und meinen Bund halten, so sollt ihr mein Eigentum sein vor allen Völkern“ (2. Mose 19,5).

Vielleicht merken Sie den Unterschied, wenn von Gott als Mutter oder Vater die Rede ist. Es ist ein bisschen so wie in unserer Erfahrung im Umgang mit irdischen Müttern und Vätern. Mütter lieben ihre Kinder so, wie sie sind, Väter am meisten diejenigen, die ihnen ähnlich sind und das tun, was sie (die Väter) wollen.

Manchmal begegnet mir Gott in partnerschaftlicher Beziehung als Freund. So wie es im 2. Buch Mose heißt: „Der Herr aber redete mit Mose von Angesicht zu Angesicht, wie ein Mann mit seinem Freunde redet“ (2. Mose 33,11). Oder wie Jesus zu seinen Jüngern sagt: „Ich sage hinfort nicht, dass ihr Knechte seid, denn ein Knecht weiß nicht, was sein Herr tut; euch aber habe ich gesagt, dass ihr Freunde seid“ (Johannes 15,15).

Und manchmal begegnet mir Gott gar nicht wie ein Mensch, eine Gestalt meiner persönlichen Erfahrung, also wie Mutter, Vater oder Freund, sondern wie ein Prinzip der Liebe und der Gerechtigkeit. So wie es im 1. Johannesbrief im 4. Kapitel heißt: „Gott ist Liebe; und wer in der Liebe bleibt, der bleibt in Gott und Gott in ihm“ (1. Johannes 4, 16).

In seinem Beitrag „Fünf Fragmente über Gott“ schreibt Huub Oosterhuis[1]:

> *Die Bibel bewahrt die Zeugnisse über Gott aus allen Phasen der Geschichte Israels, aus der Zeit, als dieses Volk noch in den Kinderschuhen steckte, wie auch aus der Periode des Exils und des Untergangs, viele Jahrhunderte später.*
>
> *Ein Kind glaubt an Muskelprotze, an Kampf und Sieg. Als Israel noch ein Kind war, empfand und reagierte es wie ein Kind. Im Zeugnis aus den Kinderjahren Israels ist Jahwe ein kämpfender Gott, stärker als alle anderen Götter; einem der ältesten Teile der Bibel zufolge ist er ein „Kriegsheld“, der „kreischend wie eine gebärende Frau“ drauflosschlägt. Eine primitive und noch nicht voll entwickelte Erlebniswelt spricht sich in einem primitiven Glaubenszeugnis aus: anfänglich ist er – die zehn ägyptischen Plagen im Tornister – ebenso rachsüchtig, militant und gespenstisch wie alle Götter der Menschen. Er ist ein strafender, rachsüchtiger und anspruchsvoller Gott, aber gemeinsam mit Israel entwickelt er sich im Laufe der Geschichte, er wächst, ändert sich und wird menschlicher.*
>
> *Der Gott, der sich in der Befreiung aus dem Sklavenhaus offenbart, der für sein Volk Raum und Freiheit schafft, wird in seinem Umgang mit Israel immer mehr „anders als alle übrigen Götter“. Er wird immer weniger „Abgott“, Anforderung, Gewalt, Macht und Schema, das die Menschen zwingt und einengt. Er wird immer mehr zu einem Wesen, das anderen Menschen die Freiheit gewährt, ein Vater, der seine Kinder frei herumlaufen lassen kann. Er wird mehr und mehr Befreiung.*
>
> *Als Israel ein Mann wurde, hat es seine kindlichen Träume abgelegt. Dann legt es von seinem Gott das Zeugnis ab, dass er Gedanken des Friedens und nicht der Vernichtung hegt, wie ein Erwachsener, der vom Leben gelernt hat, der nicht mehr an Gewalt, Kampf und Sieg, nicht an Strafen und Schläge, sondern an Geduld und Vergebung glaubt.*
>
> *Das Zeugnis des erwachsenen Israels kennt einen Gott, der nicht mehr zwingt, der immer bescheidener und machtloser wird. Mit seinem Volk geht er in die Verbannung – mit seinem Volk, seinem Sohn-auf-Erden.*

---

[1] Huub Oosterhuis, Im Vorübergehn, Freiburg: Herder [2]1970, S. 27-30.

In der Fremde wird er gestoßen, getreten, vernichtet. Dann ist er nirgendwo zu finden, dann sind alle Abgötter und Mächte, alle Götter, die so-und-nicht-anders sein müssen, viel mächtiger als er. Es ist kein Tempel und kein Prophet mehr da, er schweigt. Eine armselige Gruppe, der heilige Rest Israels, erkennt ihn noch. In ihrer Mitte erwacht die Erwartung, dass dieser Gott sich einmal und endgültig in der Gestalt eines Knechtes zu erkennen geben und sprechen wird als jemand, der nichts abverlangt, sondern der die Lasten trägt und duldet.

Dieser Gott, der sich endlos erniedrigt und entäußert, der den Menschen Raum schaffen, sie nicht bekämpfen, sondern ihnen dienen will, er ist, den Schriften zufolge, in Jesus Christus erschienen und hat durch ihn gesprochen. Dieser Gott, der im Verlauf der Geschichte Israels immer mehr an Glanz eingebüßt hat und immer mehr ein Gott geworden ist, den man übergehen kann, der nicht absolut ist und keine verblendende Wahrheit, sondern einer, dem man sich auch entziehen kann, er spricht seinen Willen und seine Absichten, seine Friedensgedanken, seinen Namen im vollen Umfang aus, indem er der Gott Jesu geworden ist.

Jesus, ein Sohn von Menschen, einer aus der Reihe, ohne Gestalt und Pracht. Er lebt weit von Gott entfernt, scheitert und fällt in die Hände von Menschen. Wir spüren nicht mehr, was für ein Skandal dieser gekreuzigte Mann für Jünger und Freunde war. Er stirbt eigentlich infolge eines dummen Missverständnisses. Als der Gott Israels „endgültig" in ihm gesprochen hat und er das Wort Gottes für diese Welt genannt wird, was gibt dieser Gott uns dann zu verstehen? Dass er nichts von uns verlangt, dass er befreien und dienen will, keine Anforderungen stellt, keine Opfer erwartet und kein Blut sehen will. Dass es ihm lieber ist, wenn die Menschen ihn verlieren und vergessen, als dass sie unter ihm gebückt gehen. Dass er verschwinden und tot sein will, damit wir leben.

Das Wichtigste, was ich aus diesen Worten und aus der Beschäftigung mit der Geschichte des Gottesverständnisses in der Bibel gelernt habe, ist, dass Gott mit den Menschen mitwächst, dass er mitgeht. Auf die Frage des Mose, wer er denn sei, als welcher er angerufen werden soll von den Israeliten, die Mose herausführen will aus dem Sklavenhaus Ägyptens, antwortet Gott ihm: „Ich werde sein, der ich sein werde“ (2. Mose 3,14). Das ist der Name des Gottes, der durch die Geschichte der Menschen mitgeht.

Das also habe ich gelernt über Gott und Abgötter, und ich frage mich: Was bedeutet das alles für mich selbst, begleitet Gott mich auch durch mein Leben, durch all die Entwicklungen, die ich durchmache?

Im christlichen Glaubensbekenntnis heißt es: „Ich glaube an Gott, den Vater, den Sohn und den Heiligen Geist.“ Für mich bedeutet das, dass Gott mich auch durch mein Leben begleitet, durch die wesentlichen Entwicklungsschritte meines Lebens, und ich will versuchen, das deutlich zu machen.

Wie Paulus einmal gesagt hat im 1. Korintherbrief: „Da ich ein Kind war, da redete ich wie ein Kind und war klug wie ein Kind und hatte kindliche Vorstellungen; da ich aber ein Mann ward, tat ich ab, was kindlich war“ (1. Kor 13,11), so gibt es auch in meinem Leben eine Entwicklung vom Kind zum Erwachsenen, und das hat auch Folgen für meinen Glauben.

Solange ich ein Kind war, brauchte ich die Eltern, Mutter und Vater. Und als ich heranwuchs, löste ich mich von ihnen und fand Partner, Freunde, meine Frau, Arbeitskollegen, Menschen, mit denen ich täglich zusammen lebe und umgehe. Wenn ich älter werde, dann werde ich mich auch von all diesen Gefährten meines Lebens einmal lösen müssen, mit dem Alleinsein fertig werden und Trost finden. Diejenigen unter Ihnen, die das schon ein Stück erlebt haben, einen Menschen verloren haben, der Sie begleitet hat durch Ihr Leben, werden wissen, was es heißt, traurig zu sein und getröstet zu werden.

„Ich glaube an Gott, den Vater, den Sohn und den Heiligen Geist.“ Für mich spiegelt das trinitarische Glaubensbekenntnis die menschliche Entwicklungsgeschichte, auch meine eigene, wider in ihrer doppelten Ablösung: vom Vater zum Sohn bzw. zum Partner und Freund, und vom Sohn bzw. Partner und Freund zum Heiligen Geist, und darunter verstehe ich „Trost“.

Für mich war das in meiner persönlichen Glaubensentwicklung vielleicht eine der wichtigsten Entdeckungen, was eigentlich unter „Heiligem Geist“ zu verstehen ist. Denn die Ablösung vom Vater zum Sohn war etwas, was ich verstanden hatte auch in meiner persönlichen Lebensgeschichte der Auseinandersetzung mit meinem Vater. Und sicher ist das Besondere am christlichen Glauben gerade dieses, dass er Gott nicht oben nur im Himmel sein lässt, sondern davon spricht, dass Gott heruntersteigt zu den Menschen und einer von ihnen wird. Aber das mit dem Heiligen Geist habe ich wohl lange nicht richtig verstanden. Sicher, dass Heiliger Geist so etwas wie „Begeisterung" ist, wie es in der Pfingstgeschichte geschildert wird, das hatte ich begriffen. Aber die Tiefe dessen, was damit gemeint sein könnte, habe ich erst verstanden, als ich einmal eine Predigt zu halten hatte am Sonntag vor Pfingsten über einen Abschnitt aus den Abschiedsreden Jesu, wo Jesus zu seinen Freunden darüber redet, dass er gehen wird, dass sie traurig sein werden und dass er ihnen seinen Geist, den „Tröster", dalassen wird. Und da habe ich gedacht: Heiliger Geist heißt wirklich „Trost", das, was einem bleibt, wenn man sich löst von einem Menschen, der einem sehr lieb gewesen ist: am Ende eines Trauerprozesses getröstet zu sein. Und es ist ja so, dass die Jünger Jesu erst sehr verzweifelt und traurig waren – und Pfingsten waren sie getröstet und konnten sich wieder anderen Menschen zuwenden.

Ich finde, dass sich in diesem trinitarischen Glaubensbekenntnis etwas von den Ablösungsprozessen unseres menschlichen Lebens widerspiegelt. Solange wir Kinder sind und Eltern haben, glauben wir an einen Gott, der wie ein Vater oder eine Mutter ist. Wenn wir erwachsen werden und uns von unseren Eltern lösen, dann lösen wir uns eigentlich auch von dem Gott als Vater und Mutter. Viele bleiben stecken in dieser Ablösung, die dann so sehr kritisch ist: dann, wenn man erwachsen geworden ist, tut man eben ab, was kindlich war und will mit Glauben gar nichts mehr zu tun haben und findet vielleicht nicht mehr zu dem Gott als Freund. Ich glaube aber, dass es ihn gibt, den Gott als Freund, und dass es sogar noch, wenn ich mich auch davon lösen muss, den Gott als Trost gibt, etwas, was unverlierbar in mir ist.

In der Vorstellung „Gott Vater, Sohn und Heiliger Geist" steckt also auch etwas von dem: Gott über mir, Gott neben mir, Gott in mir. Dabei bedeutet die Ablösung vom Vater oder Freund ja nicht eine „Erledigung", als seien die Eltern „erledigt", wenn man aus dem Elternhaus herausgeht und selber heiratet. Oder als sei der Ehepartner „erledigt", wenn er gestorben ist und ich allein zurückbleibe. Sondern die jeweils neue Stufe meines Lebens und meiner Existenz ist bestimmt von dem, was vorher war, und spielt in der Tiefe und in der Erinnerung immer noch eine große Rolle. Deswegen ist es nicht einfach eine Abfolge: Ich glaube erst an Gott, den Vater, und dann an Gott, den Sohn, und dann an Gott, den Heiligen Geist, sondern eine zunehmende Entwicklung: Ich glaube an Gott, den Vater und den Sohn und den Heiligen Geist. Und alles hat seine besondere Stunde in meinem Leben.

Nun ist die Frage, warum wir es so schwer haben, in Glaubensdingen wirklich erwachsen zu werden, diesen Weg zu gehen der Ablösung von Vater, Sohn und Heiligem Geist und doch alles in einem tieferen Sinn zu behalten. Ich meine, dass es ein bisschen mit der Struktur auch unserer Gesellschaft zu tun hat, die einmal sehr stark eine Vatergesellschaft gewesen ist und deshalb den Vatergott so betont hat. Selbst Jesus und der Heilige Geist, also eigentlich der Partner und der Trost, sind auf diese Ebene des Väterlichen gehoben worden. Es hieß eben nicht: Jesus, der Bruder, sondern: Jesus, der Herr; und der Heilige Geist war nichts anderes als dieser Vater oder dieser Herr in seiner Wirkung nach außen. Ich glaube, die Menschen haben das, was darin an Neuem und Umwälzendem enthalten gewesen ist, nicht durchhalten können aufgrund der Verhältnisse, in denen sie gelebt haben.

Wir leben heute, wie Mitscherlich gesagt hat, in einer Gesellschaft, die auf dem Weg ist in eine „vaterlose Gesellschaft", die alle Traditionen abbricht, die mit Vätern nichts mehr anfangen kann und deshalb auch nicht mehr mit dem väterlichen Gott. Und deshalb werden so viele aus Theisten zu Atheisten und finden nicht zu einem brüderlichen oder geschwisterlichen Glauben. Denn das wäre ja eigentlich der notwendige Schritt, wenn wir uns aus der Vatergesellschaft lösen: dass wir zu einer brüderlichen, einer geschwisterlichen Gesellschaft finden, in der das Verhältnis zwischen Männern und Frauen erneuert ist und sich auch auswirkt auf unseren Glauben und unser Verhältnis zu Gott.

In einer geschwisterlichen Gesellschaft spielt nicht mehr der Vatergott die größte Rolle, sondern der Gott, der Freund und Mitbruder ist wie in der Gestalt des Jesus von Nazareth. Aber jenseits der Gesellschaft, des Zusammenlebens mit anderen Menschen, ist auch noch die Stufe zu sehen, wo wir lernen müssen, mit dem Alleinsein fertig zu werden. Und da ist etwas, was ich mir wünsche für das Altwerden: so etwas wie Weisheit, die getröstet ist. Darin klingt etwas von dem an, was im Mittelalter die Mystik den Menschen zu sagen versuchte: dass wir uns eins wissen mit Gott, dass Gott in uns ist. Aber vielleicht ist das ein Schritt, der noch weit ist, der Mühe kostet, der wachsen muss.

Gott ist für mich alles in allem, nämlich Vater oder Mutter, Freund und Trost; er ist zuzeiten über mir, neben mir und auch in mir. Einer, der mit mir geht auf dem Weg meiner Entwicklung, der mir erlaubt, so etwas wie einen erwachsenen Glauben zu haben. Wie Paulus sagte: „abzulegen, was kindlich war", und das zu finden, was Glaube eben nur bedeuten kann für einen erwachsenen Menschen.

Ich möchte meine „andächtigen Betrachtungen" über den lebendigen, mitwachsenden Gott und die Abgötter schließen mit Zitaten des Kirchenvaters Augustinus: „Gott, von dir sich abwenden heißt fallen, zu dir sich hinwenden heißt aufstehen, in dir bleiben heißt sicheren Bestand haben, Gott, dich verlassen heißt sterben, zu dir heimkehren heißt zum Leben erwachen, in dir weilen heißt leben." Und das für mich wichtigste Wort, das ich einmal entdeckte, als ich in der Oberprima zum ersten Mal die Bekenntnisse Augustins las: „Fecisti nos ad te et inquietum est cor nostrum, donec requiescat in te" – „Zu dir hin hast du uns geschaffen, und unruhig ist unser Herz, bis dass es Ruhe findet in dir."

Erfahrener Glaube

Die Maria des Magnifikat (Lukas 1,46-55) wird gern als „Erfahrungstheologin“ bezeichnet[2], weil sie nicht über allgemeine Wahrheiten, sondern von ihrer eigenen Erfahrung spricht. Solche moderne, feministische Einschätzung steht in der Auslegungstradition Luthers, der gleich zu Beginn seiner Magnifikatauslegung von 1521 hervorhebt: „Um diesen Lobgesang ordentlich zu verstehen, ist darauf zu merken, dass die hochgelobte Jungfrau Maria aus eigener Erfahrung redet, darin sie durch den heiligen Geist erleuchtet und gelehrt worden ist.“[3] Es klingt sehr modern, wenn Luther solchen selbst erfahrenen Glauben dem allgemeinen Gerede der (männlichen) Theologen gegenüberstellt, die ohne eigene Erfahrung über den Glauben nur reden und spekulieren: „Ihrer sind viele, die Gott mit lauter Stimme preisen, mit kostbaren Worten predigen, viel von ihm reden, disputieren, schreiben und malen, viele, die sich über ihn Gedanken machen und durch die Vernunft nach ihm trachten und spekulieren, dazu viele, die ihn mit falscher Andacht und Willen erheben.“

Dabei ist Luther gerade in der Magnifikatauslegung eines vor allem deutlich geworden: „Es kann niemand Gott noch Gottes Wort recht verstehen, er habs denn unmittelbar von dem heiligen Geist. Niemand kanns aber von dem heiligen Geist haben, er erfahre es, versuchs und empfinde es denn. Und in dieser Erfahrung lehret der heilige Geist als in seiner eigenen Schule, außerhalb derer nichts gelehrt wird als nur leere Worte und Geschwätz.“

Ich möchte im Folgenden versuchen, dem Erfahrungsbegriff bei Luther ein wenig nachzugehen, um zu verstehen, was dabei für ihn wichtig ist. Luther legt großen Wert darauf, dass jeder Mensch bei sich selbst, in seiner eigenen Lebenserfahrung nach den Spuren Gottes Ausschau hält: „Ein jeglicher soll darauf achten, was Gott mit ihm wirkt, vor allen Werken, die er mit anderen tut. Denn es wird keines Seligkeit darinnen stehen, was er mit einem anderen, sondern was er mit dir wirkt.“

Die Einübung in den christlichen Glauben geschieht meist so, dass wir als Kinder Geschichten hören von den großen Taten Gottes, die dieser zu verschiedenen Zeiten vollbracht hat. Soll das Vertrauen in diese Geschichten nicht Schaden nehmen durch allerlei Vernunft- und Existenzzweifel beim Heran-

---

[2] Bärbel Wartenberg-Potter, Die Reise der Pachamama. Eine theologische Erzählung, Stuttgart 1989, S. 53.

[3] Dieses und alle weiteren Luther-Zitate aus: Kurt Aland (Hrsg.), ... (S. 91).

wachsenden, kommt es sehr darauf an, dass wir irgendwann in unserem Leben begreifen, wie sehr wir selbst mit all dem gemeint sind, was da erzählt wird.

Ich erinnere mich noch gut an einen bestimmten Kindergottesdienst, als ich ein Bild von der Taufe Jesu in das Goldene Buch unserer Gemeinde malen sollte. Das darüber gesetzte Bibelwort „Du bist mein lieber Sohn, an welchem ich Wohlgefallen habe“ (Markus 1,11 par.) habe ich damals ganz naiv auch auf mich bezogen und von da an immer wieder nach Möglichkeiten der Identifikation gesucht. „Du bist der Mann“ (2. Samuel 12,7) – das bezog sich in der Folgezeit auf viele biblische Geschichten, mit deren Hilfe ich lernte, meine eigene Lebensgeschichte in einer bestimmten Weise vor Gott zu deuten.

Im Jakobskampf am Jabbok (1. Mose 32,23-33) z. B. erkannte ich die eigene Geschichte der Auseinandersetzung mit meinem Vater und den Kampf um seinen Segen für meinen eigenen Lebensweg wieder. Ich war Jakob und Josef, Josua und David, Petrus und Johannes, auch Judas und manch andere dunkle Gestalt der Bibel. Es dauerte eine Zeit, bis ich die Frauengestalten der Bibel näher an mich heranlassen konnte und in einigen von ihnen z. B. das mütterliche Erbe Jesu[4] oder auch mein eigenes entdeckte. Am Aufregendsten war es, wenn wir später in Gruppen versuchten, uns der Christus-Gestalt so zu nähern, dass auch eigene Anteile dabei sichtbar wurden. Niemand von uns konnte einfach so sein wie er, aber wenn wir als Frauen und Männer uns darum bemühten, miteinander die Beziehungen in einer Geschichte zu gestalten, dann konnte es geschehen, dass etwas von der Christus-Wirklichkeit auch unter uns als seiner Gemeinde erfahrbar wurde.[5]

Für Luther ist es „fürwahr das Größte im Himmel und auf Erden, dass man Gott recht erkenne“. „Wie kann man ihn aber besser erkennen als aus seinen eigenen Werken? Wer sein Werk recht erkennet, der kann in der Erkenntnis seiner Natur, seines Willens, seines Herzens und Mutes nicht fehlgehen.“

---

[4] Siehe dazu S. 51 ff.

[5] Vgl. dazu die vielfältig beschriebenen Erfahrungen im Bibliodrama, z. B. bei Antje Kiehn u.a., Bibliodrama, Stuttgart: Kreuz 1987; Samuel Laeuchli, Das Spiel vor dem dunklen Gott ... „Mimesis“, ein Beitrag zur Entwicklung des Bibliodramas, Neukirchen-Vluyn: Neukirchener 1987; Heidemarie Langer, Vielleicht sogar Wunder. Heilungsgeschichten im Bibliodrama, Stuttgart: Kreuz 1991.

Es ist der Heilige Geist, der die „hoch gelobte Jungfrau“ Maria lehrt, „dass Gott ein solcher Herr sei, der nichts anderes zu schaffen habe, als nur zu erhöhen, was niedrig ist, zu erniedrigen, was da hoch ist, und kurz: zu zerbrechen, was da gemacht ist, und ganz zu machen, was zerbrochen ist.“ Es entspricht aber auch ihrer eigenen Erfahrung – dem, was Gott an ihr getan hat –, so von Gott zu reden. Und so ist sie in der Lage, uns die Werke, Art, Natur und den Willen Gottes so zu lehren, dass wir sie recht erkennen:

„Sechs göttliche Werke in sechserlei Menschen zählt sie ... nacheinander auf, und teilt die Welt in zwei Teile, auf jeglicher Seite drei Werke und dreierlei Menschen, und ist ein Teil immer gegen den andern. Da zeiget sie, was Gott auf beiden Seiten tut, malet ihn so ab, dass er nicht besser abgemalet werden könnte. Und diese Teilung ist gut und ordnungsgemäß gefasst und an mehreren Orten der Schrift gegründet ...“

Die sechs Werke Gottes an allen Menschen sind diese:

- Gott ist barmherzig über die Furchtsamen;
- Gott zerstreut die Hochmütigen;
- Gott stößt die Gewaltigen vom Thron;
- Gott erhebt die Niedrigen;
- Gott füllt die Hungrigen mit Gütern;
- Gott lässt die Reichen leer.

„Nach den Gotteswerken an ihr und allen Menschen kommt Maria wieder auf den Anfang und das Erste und beschließt das Magnifikat mit dem allergrößten Werk aller Werke Gottes, das ist die Menschwerdung des Gottessohnes.“

Luthers lobendes Urteil über Marias „Gottesbild“ liest sich wie eine Beschreibung seiner eigenen Bemühungen um die Auslegung der Heiligen Schrift: „Sie malet Gott so ab, dass er nicht besser abgemalet werden könnte“; alles „ist gut und ordnungsgemäß gefasst und an mehreren Orten der Schrift gegründet“.

Luther lässt in seinen Auslegungen die Schrift selbst zu Wort kommen. Er legt die besserwisserische Haltung mancher Theologen ab, die die Schrift meistern wollen[6], weil er an sich selbst erfahren hat, wie befreiend die Schrift wirkt, wie sie tröstet und heilt, wenn man sie nur selbst zur Sprache kommen lässt. Die Schrift leuchtet von sich aus, ist aus sich selbst heraus verständlich und klar. Es kommt vor allem darauf an, den Schatten des Eigensinns, der auf sie fällt und sie verdunkelt, zurückzunehmen. Am Ende seiner Magnifikatauslegung sagt Luther: „Hier lassen wirs für diesmal bleiben und bitten Gott um rechtes Verständnis dieses Magnifikat, das da nicht allein leuchte und rede, sondern brenne und lebe in Leib und Seele."

Das Verstehen der biblischen Texte ist daran gebunden, dass wir als Menschen aufgrund unserer eigenen Lebenserfahrung begreifen, dass hier unsere Sache verhandelt wird. Die Schrift versetzt uns zwar außerhalb unserer selbst, aber so, dass wir zu unserem wahren Sein finden, das immer schon in den biblischen Texten aufgehoben ist. Wir, die wir von Gott getrennt waren, werden wieder in das rechte Gottesverhältnis gesetzt. Luther schreibt über Marias lobpreisendes Bekenntnis „Er hat große Dinge an mir getan": „Darum sind diese wenigen Worte des Geistes allezeit so groß und tief, dass niemand sie verstehen kann, als wer auch denselben Geist wenigstens zu einem Teil fühlet. Den Geistlosen aber, welche ihre Dinge mit viel Worten und großem Geschrei ausrichten, sind solche Worte ganz gering anzusehen und ganz ohne Saft und Geschmack."

Von daher ist es sinnvoll, bestimmte Worte der Heiligen Schrift immer wieder zu sagen und zu hören, wie es z. B. im „bible sharing" geschieht, damit die Worte ihre heilsame, tröstliche und zurechtbringende Wirkung in uns entfalten können, ehe wir uns mit allerlei Verstandes- und Vernunftgründen von ihnen distanzieren. Es ist wichtig, dass wir wieder zu Hörern des Wortes werden, dass wir es „wiederkäuen" und so als Nahrung in uns aufnehmen. Es ist aber nicht nur die Vernunft allein, die sich einem heilsamen Verstehen der Heiligen Schrift in den Weg stellt. Oft sind es auch Verzweiflung, Ratlosigkeit, Trauer und Unglaube, die unsere Augen so halten, dass wir Gott nicht sehen können: „Es ist der leidige Unglaube allezeit im Wege, dass Gott solche Werke nicht in uns wirken kann und wir sie nicht erfahren noch erkennen können."

---

[6] Vgl. dazu: Klaus Berger, Die Bibelfälscher. Wie wir um die Wahrheit betrogen werden, München: Pattloch 2013.

Für Luther hängt das mit der Kurzsichtigkeit und der Ungeduld der Menschen zusammen, dass wir uns nicht dem öffnen können, was doch zu unserem Heil geschieht: „Darin widerstrebt ihm leider doch die Welt mit ihren fehlsichtigen Augen ohne Unterlass und hindert ihn an seinem Sehen, Wirken, Helfen, Erkenntnis, Lieb und Lob, und beraubt ihn aller solcher Ehre, dazu sich selbst ihrer Freude, Lust und Seligkeit." „Es gebricht nur am Glauben, dass wir nicht auch so ein wenig der Zeit warten könnten, sonst würden wir auch fein sehen, wie die Barmherzigkeit bei den Furchtsamen mit aller Stärke Gottes ist und der Arm Gottes wider die Hoffärtigen mit allem Ernst und Gewalt."

Rechte Schriftauslegung und rechtes Verständnis der Schrift setzen voraus, dass ich bereit bin, mich von den Bibelworten verwandeln zu lassen zu einer neuen Sichtweise der Welt und meiner eigenen Existenz, die korrigiert und geschärft ist an der schöpferischen Sehweise Gottes. Vom Geist geleitete Schriftauslegung vertraut sich dem Glauben an und hält Dinge für möglich, die sich unsere Schulweisheit nicht träumen lässt. Luther fasst seine Ausführungen über den Geist in seiner Magnifikatauslegung so zusammen: „Was der Geist sei, ist jetzt gesagt: nämlich der die unbegreiflichen Dinge durch den Glauben erfasst."

Die wichtigste Einsicht im Zusammenhang mit der Gottesliebe ist die, dass Gott uns zuerst geliebt hat, ehe wir überhaupt etwas wahrnehmen, es empfangen und darauf antworten konnten (Jesaja 55,8-11).

Gottes Liebe zu uns wird darin sichtbar, dass er uns als sein Gegenüber geschaffen hat, dass er uns trotz aller Abwehr- und Abkehrversuche immer wieder sucht und mit hingebungsvoller und aufopferungswilliger Liebe nachgeht, die nicht das Ihre sucht, sondern ganz den Geliebten meint und heimbringen will. Luther verbindet diese liebevolle Haltung Gottes uns gegenüber mit seinen Augen, mit der Art und Weise seines Ansehens. Was Gott uns gibt an Gütern mit austeilenden Händen, ist nur die Folge seiner anschauenden Liebe: „In den Gütern gibt Gott das Seine, im Ansehen und in der Gnade gibt er sich selbst; in den Gütern empfängt man seine Hand, aber in der Gnade Ansehen empfängt man sein Herz, Geist, Mut und Willen."

Wenn ich einer solchen anschauenden Liebe ansichtig werde im Empfangen von Wort und Sakrament und vor allem im Empfangen des Segens („Der Herr lasse leuchten sein Angesicht über dir"), dann löst das eine Gegenbewegung in mir aus: Ich erhebe mein Herz zu dem, der mich auf diese Weise liebt, ich öffne meine Augen und Sinne, sehe und schmecke, wie freundlich der Herr ist.

Lieben heißt den anderen groß machen, viel von ihm halten, in der Erwiderung anschaulicher Liebe Freude und Lust empfinden.

Augustinus hat das „Gott genießen“ genannt, eine Haltung, die heute beinahe verloren gegangen zu sein scheint angesichts der Herausforderung zu immer neuen „guten Taten“. Aber so, wie wir nicht gleich auf Gottes Güter schauen sollen, sondern vor allem auf seine Güte, so sollen wir auch nicht zuerst auf unsere Werke sehen, sondern auf unser Geliebtsein und es vor Gott genießen, ehe wir uns daran machen, Gott nicht nur mit unserer Verehrung zu lieben, sondern auch mit unseren Taten zu loben.

Es ist allerdings wichtig für uns, dass wir Gott lieben und loben und dabei nicht uns selbst und unseren Nutzen dabei suchen.

Eine solche Gottesliebe hatte Maria, ob sie nun niedrig und nichts war oder in den höchsten Gütern schwebte: „Mit fröhlichem, springendem Geist rühmet sie sich und lobet Gott, er habe sie angesehen, obwohl sie niedrig und nichts gewesen sei.“

Eine solche Gottesliebe hatte aber vor allem Christus: Er wurde von Gott selbst in die Tiefe alles Jammers geworfen und war darin vortrefflich erfahren, „wohin Gottes Sehen, Werk, Hilfe, Art, Rat und Willen gerichtet sei“. Trotzdem bleibt er „voller Bekenntnis, Lieb und Lob Gottes ewiglich, wie der Psalm 21,7 sagt: Du erfreust ihn mit Freude vor deinem Angesicht.“ Gott lieben heißt ihn gegen allen äußeren Anschein um seiner selbst willen lieben und offen sein für alles, was er aus Liebe schenkt.

Unsere Erfahrung in der Begegnung mit Gott erhält hier eine wichtige Orientierung, die bedeutsam ist für das Erleben jeder Liebe: Es kommt nicht darauf an, dass wir immer ein handgreifliches Ergebnis vor Augen haben, uns also auf äußerliche Wirkungen und Beweise verlassen können, sondern dass wir ein unbedingtes Zutrauen gewinnen zu der uns versprochenen und verheißenen Güte. Wer so vertrauen und lieben kann, macht zuallererst die Erfahrung, welche verändernde Kraft die Liebe hat. Sie verwandelt die Welt, sie lässt mich anders erleben, „sie verträgt alles, sie glaubt alles, sie hofft alles, sie duldet alles“ (1. Korinther 13,7).

Das Gotteslob des Magnifikat ist vor allem ein Lobgesang über die großen Taten Gottes. Es erhebt sich aus der Tiefe schmerzlicher Erfahrung, wenn ich bereit bin, all meine selbst gemachten Sicherheiten fahren zu lassen und mich ganz Gott anzuvertrauen, meine Sorge auf ihn zu werfen und die Erfahrung zu machen, was für ein schöpferischer Gott er ist, der das Leben will und aus der Tiefe erhebt. Zur Erfahrung tritt also der Glaube hinzu, der bereit ist, von Gott alle Lösung zu erwarten, der empfänglich ist für das schöpferische Handeln Gottes und sich beschenken lässt mit Leben und Trost.

Luther schreibt: „Nur der Glaube macht fromm, gerecht und selig, das ist die gute Zuversicht in die uns versprochene unsichtbare Gnade Gottes." Gotteslob bringt solche Erfahrung der unsichtbaren Gnade Gottes zur Sprache, erhebt Gott zum Jubel vor allen Menschen, vertraut ihm in allen Dingen. Das kann man nicht selber machen. Es ist ein Geschenk durchlittener und bestandener Erfahrung[7], die Gott alles Heil und alles Gute zutraut. Luther: „Es ist kein Menschenwerk, Gott mit Freuden loben. Es ist vielmehr ein fröhliches Leiden und allein ein Gotteswerk, das sich nicht mit Worten lehren, sondern nur durch eigene Erfahrung kennen lernen lässt."

Das Herausstellen der eigenen Erfahrung kann einem aber auch in doppelter Hinsicht einen Streich spielen, nämlich wenn ich Gott nur dann loben kann, wenn er mir wohl tut und wenn ich mich mit Gottes Gütern über andere erhebe.

In beiden Fällen wird Gottes Freiheit und Ehre verletzt, und ich bin daran gehindert, Gott in rechter Weise zu loben. Luther nennt Menschen, die sich so verhalten, „zweierlei falsche Geister, die das Magnifikat nicht recht singen können":

„Die ersten, die Gott nicht eher loben, er tue ihnen denn wohl, scheinen Gott sehr zu loben. Aber dieweil sie niemals Unterdrückung und die Tiefe leiden

[7] Luther geht in seiner Sicht des in die Tiefe und in die Not schauenden Gottes sogar so weit, in all dem Leid seine Liebe am Werk zu sehen: „Darum hat Gott auch den Tod auf uns alle gelegt und seinen allerliebsten Kindern und Christen das Kreuz Christi mit unzähligen Leiden und Nöten gegeben. Ja, er lässt sie auch zuweilen in Sünde fallen, auf dass er ja viel in die Tiefe zu sehen hätte, vielen helfen, viel wirken, sich als einen rechten Schöpfer erzeigen und damit sich bekannt, lieblich und löblich machen könnte" (WA 7, 548). Vgl. dazu: A. M. Klaus Müller, Leid – Glaube – Vernunft. Signale der Geschöpflichkeit, Stuttgart: Radius 1982.

wollen, können sie niemals die rechten Werke Gottes erfahren und deshalb auch nimmermehr Gott recht lieben noch loben ... Wo es aber schlecht geht, ist das Singen aus, da hält man nichts mehr von Gott."

„Die anderen sind noch gefährlicher, die auf die andere Seite weichen, die sich mit Gottes Gütern erheben und dieselben nicht der reinen Güte Gottes zueignen. Sie wollen auch was dran haben, wollen deswegen geehrt und in Ansehen vor anderen Menschen gehalten sein, schauen ihr großes Gut an, das Gott mit ihnen gewirkt, klammern sich daran und nehmen sich seiner an als des ihren und halten sich den anderen gegenüber, die solches nicht haben, für etwas Besonderes." Rechtes Gotteslob wartet also nicht darauf, mit Gütern beschenkt zu werden, und erhebt sich nicht, wenn Güter sich einstellen. Rechtes Gotteslob sucht Trost, Freude und Zuversicht allein in Gott und lässt sich an seiner Gnade genügen.

Das Gotteslob hat aber nicht nur eine hymnische, lobpreisende Seite, dass wir etwas vorgesungen bekommen aus tief erfahrener Freude und nun eingeladen werden, es unsererseits nachzusingen aus dem, was wir selbst erlebt haben. Gotteslob meint auch eine Frömmigkeit, die frei ist zu „humaner Aktivität".

Luther widmet seine Magnifikatauslegung dem achtzehnjährigen Herzog Johann Friedrich von Sachsen, der 1532 die Regierung im Kurfürstentum Sachsen übernehmen und für die Sache der Reformation von großer Bedeutung werden sollte. Luther dankt mit dieser Widmung dem Herzog nicht nur dafür, dass er sich für ihn und seine Sache 1520/21 eingesetzt hatte, sondern lässt sie ihm auch darum zuteil werden, weil er der Meinung ist, dass die Frömmigkeit eine das ganze, also auch das politische Leben bestimmende Grundhaltung ist, die nicht auf Innerlichkeit eingeschränkt werden darf. Auch ein Herzog oder Fürst bedarf der Frömmigkeit: „Denn das ist sehr nötig, weil an der Person eines solchen großen Fürsten vieler Leute Heil liegt, wenn er seinem Eigenwillen entzogen und von Gott gnädig regiert wird, wiederum vieler Verderben, wenn er sich selbst überlassen und ungnädig regiert wird."

Das Gotteslob eines Regierenden besteht darin, Machtbefugnisse so zu gebrauchen, dass darin Gottes schöpferisches, rettendes und bewahrendes Handeln zum Zuge kommen kann. „Aber dass sie diese übel und gegen Gott brauchen, um den Frommen Unrecht und Gewalt zu tun, und dass sie ein

Wohlgefallen daran haben, sich deswegen erheben, sie nicht mit Furcht Gottes zu seinem Lob und zum Schutz der Gerechtigkeit brauchen, das leidet er nicht lange ..."

Aber nicht nur die Regierenden werden ermahnt, Gott die Ehre zu geben und sorgfältig zu sein. Auch alle anderen Menschen sollen sich in ihrem Verhalten auf Gott besinnen und ihn loben durch die Bewahrung des Rechts. Es ist ein Zeichen von Unglaube und selbstsüchtiger Sorge, wenn wir Unrecht dahingehen lassen und uns feige zurückziehen: „Der Unglaube macht, dass wir Gottes Wort, die Wahrheit, das Recht unterliegen sehen, das Unrecht obliegen, und schweigen still, strafen nicht, reden nicht deswegen, wehren nicht, lassen gehen, was da gehet. Warum? Wir haben Sorge, man greife uns auch an und mache uns arm, dass wir dann Hungers sterben und ewig erniedrigt werden. Das heißt dann, zeitlich Gut höher als Gott geachtet und an seiner Stelle zum Abgott gemacht."

Gotteslob singt nicht nur von den großen Taten Gottes, sondern findet selber den Mut, etwas Tapferes zu tun: für die Wahrheit, für Frieden und Gerechtigkeit einzutreten.

Gott erfahren, Gott erkennen, Gott lieben und Gott loben – das können wir als Menschen nur, wenn wir lernen, die Welt, in der wir leben, aus einem bestimmten Blickwinkel heraus zu betrachten. Diese Sehweise des Glaubens ist nicht selbstverständlich. Sie wird uns geschenkt, wenn wir Zutrauen haben zu der Liebe Gottes, wenn wir versuchen, die Art und Weise, wie Gott auf die Menschen und auf die Welt sieht, zu verstehen und uns darum bemühen, diese Sehweise zu unserer eigenen zu machen – zuerst so, dass wir sie gegen uns selbst gelten lassen, uns also als von Gott geliebte Menschen betrachten, und dann so, dass wir diese Sehweise auch auf andere Menschen, ja auf die ganze Kreatur übertragen und sie mit Gottes liebevollen Augen zu sehen lernen:

„Du musst dir Gottes Willen über dich ohne alles Wanken, ohne alles Zweifeln vor Augen stellen, so dass du fest glaubest, er werde und wolle auch mit dir große Dinge tun. Dieser Glaube lebt und webt, der dringt durch und ändert den ganzen Menschen ..."

Der Glaube kommt in die Erfahrung Gottes – das ist der Schlüsselsatz für das Verständnis der Erfahrung bei Martin Luther. Und so muss die Rede vom erfahrenen Glauben ergänzt werden durch den Hinweis auf das, was aller Erfahrung vorausgeht, sie ermöglicht und qualifiziert: die Liebe des Schöpfers, die uns eingestiftet ist, so dass wir vertrauen und glauben können, es geschehe uns zugute, was uns geschieht, es begegne uns in allem Gott mit seiner Güte und seiner zurecht bringenden Liebe, auch wenn sie manchmal unter dem Gegenteil verborgen ist.

Wer so glauben kann, der mag sich verlassen auf seine eigene Erfahrung, der mag dem vertrauen, was er selbst erlebt hat. Der wird sein eigenes Leben immer wieder mit den Geschichten der Bibel in Verbindung bringen und wissen, wie sehr er selbst mit all dem gemeint ist, was da erzählt wird. Der wird hören auf die Verkündigung der Kirche, aber dabei immer auch auf sein eigenes Leben und seine eigene Erfahrung achten. Wie Luther gesagt hat: „Ein jeglicher soll darauf acht haben, was Gott mit ihm wirkt, vor allen Werken, die er mit anderen tut. Denn es wird keines Seligkeit darinnen stehen, was er mit einem anderen, sondern was er mit dir wirkt."

In der Meditation Gott (und sich selbst) begegnen

Mit der Meditation ist es wie mit der Liebe. Das Reden darüber ersetzt keine eigene Erfahrung. Und wer sich auf eigene Erfahrung einlässt, hat selten das Bedürfnis, darüber noch viel zu reden. Es ist eine sehr persönliche Erfahrung, die man nur schwer anderen mitteilen kann. Dennoch will ich mich vor der gestellten Aufgabe nicht drücken. Ich will zu Ihnen über Meditation sprechen, freilich auf eine mir vertraute Weise: Ich lese einen biblischen Text zum Thema (Elia am Horeb: 1. Könige 19,1-13) und will ihn mit Ihnen bedenken, d.h. meditieren, und so etwas über Meditation sagen im Vollzug von Meditation.

> *Da fürchtete er sich, machte sich auf und lief um sein Leben (V. 3).*

Was ist der Anlass für Meditation? Offensichtlich geht es dabei ums Ganze, ums Leben. Menschen werden in ihrem bisherigen Leben erschüttert, durchleben eine Krise, die sie ängstigt, und machen sich auf, um etwas Neues zu suchen. Meditation macht man also nicht nebenbei, so zum Spaß, sondern weil es ernst ist, weil das eigene Leben in eine ernste Krise gerät. Was ist das für eine Bedrohung von außen?

> *Da sandte Isebel einen Boten zu Elia und ließ ihm sagen: Die Götter sollen mir dies und das tun, wenn ich nicht morgen um diese Zeit dir tue, wie du diesen getan hast (V. 2)!*

Offensichtlich wendet sich etwas gegen die eigene Person, was man vorher nach außen agiert hat. Alles, was man tut, kommt zu einem zurück. Es gibt einen geheimnisvollen Zusammenhang zwischen außen und innen. Was man anderen antut, tut man auch sich selber an. Wenn man einen äußeren Bogen überspannt, gibt es eine innere Krise. Das hört sich dramatisch an und ist es oft auch. Ein Mensch läuft um sein Leben. Es ist eine allerletzte Warnung: Tu etwas für dich.

> *Er aber ging hin in die Wüste eine Tagereise weit und kam und setzte sich unter einen Wacholder und wünschte sich zu sterben (V. 4).*

Meditation ist eine Reise nach innen, die alles andere als ein Spaß ist. Auf dem Höhepunkt einer Krise unternommen, führt sie, wie Dorothee Sölle bemerkt, in gefährliche Tiefen:

von außen nach innen
vom Leben in eine Art Tod
vom Vorgehen zum Zurückgehen
von zeitlicher Bewegung zu zeitlichem Stillstand
von irdischer Zeit in äonische Zeit
vom Ego zum Selbst
von außerhalb
zurück in den Schoß aller Dinge.[8]

Eine solche Reise ist wichtig. Sie öffnet sonst verschlossene Türen und macht Menschen wieder ganz und heil. Manchmal klopft unser Inneres leise an und mahnt uns, nach innen zu sehen. Wir überhören solche Mahnungen allzu leicht. Also bleibt dem Inneren nichts anderes übrig, als stärker anzuklopfen, sein Recht bei uns zu fordern. Manchmal werden wir krank. André Gide sagt:

Ich glaube, dass die Krankheiten Schlüssel sind,
die uns gewisse Tore öffnen können.
Ich glaube, es gibt gewisse Tore,
die einzig die Krankheit öffnen kann.
Es gibt jedenfalls einen Gesundheitszustand,
der uns nicht erlaubt alles zu verstehen.
Vielleicht verschließt uns die Krankheit
einige Wahrheiten;
ebenso aber verschließt uns
die Gesundheit andere oder führt
uns davon weg, so dass wir uns
nicht mehr darum kümmern.
Ich habe unter denen,
die sich einer unerschütterten
Gesundheit erfreuen, noch keinen
getroffen, der nicht nach irgendeiner
Seite hin ein bisschen beschränkt
gewesen wäre, wie solche,

[8] Dorothee Sölle, Die Hinreise. Zur religiösen Erfahrung. Texte und Überlegungen, Stuttgart: Kreuz 1975, S. 81.

die nie gereist sind;
und ich erinnere mich,
dass Charles-Louis Philippe
die Krankheiten sehr schön
„die Reisen der Armen" nannte.[9]

Krankheit, Bedrohung von außen, ist sehr oft der Anlass, um zu meditieren, sich auf eine Reise in das eigene, vernachlässigte Innere zu begeben. Das ist der Schlüssel zur Heilung.

> *Er sprach: Es ist genug, so nimm nun, HERR, meine Seele; ich bin nicht besser als meine Väter. Und er legte sich hin und schlief unter dem Wacholder (V. 4).*

Was geschieht auf dem Grunde der Krise? Ich habe genug gekämpft, ich gebe es auf, mich zu wehren, ich gebe mich hin. Da ist keine Selbstbehauptung mehr, kein Sich Aufbäumen gegen das, was geschieht. Ich nehme es hin, ich strecke mich aus, ich lasse an mir geschehen, ich schlafe ein, erschöpft von all dem Kampf. Und bin doch nicht verloren. Ganz tief unten bin ich geborgen unter einem Wacholder. Ein schönes Wort! Einer wacht über mir, einer hält mich. Wenn ich auch leer bin und abgekämpft und schwach, da ist ein Wacholder.

> *So nimm nun, HERR, meine Seele (V. 4).*

Wer so sprechen kann, hat sie vielleicht selbst zum ersten Mal entdeckt – seine Seele. Da liegt sie – unter dem Wacholder.

> *Und siehe, ein Engel rührte ihn an und sprach zu ihm: Steh auf und iss! Und er sah sich um, und siehe, zu seinen Häupten lag ein geröstetes Brot und ein Krug mit Wasser (V. 5-6).*

---

[9] André Gide, Leben unter dem Leid, in: Georg Bezzenberger/ Wolfgang Erk (Hrsg.), Gott im anderen. Ein diakonisches Lesebuch, Stuttgart: Steinkopf 1973, S. 131 (entnommen aus: André Gide, Tagebuch 1889-1939, Stuttgart: DVA 1950/1967).

Dorothee Sölle hat zu einer anderen Bibelstelle, dem Gebetskampf Jesu in Gethsemane (Luk 22,39-46), einmal geschrieben:

> *Man kann sagen, dass in jedem Gebet*
> *ein Engel auf uns wartet,*
> *weil jedes Gebet den Betenden verändert,*
> *ihn stärkt, indem es ihn sammelt und*
> *zu der äußersten Aufmerksamkeit bringt,*
> *die im Leiden uns abgezwungen wird und*
> *die wir im Lieben selber geben.*[10]

Das ist ein wunderschöner Satz. In der Tiefe der Krise ein Engel, der auf mich wartet, der mich aufweckt, der mich stärkt. Ich werde wieder wach, aufmerksam. Das Leiden zwingt mich dazu. In der Liebe verschenke ich es. Meditation heißt Wachheit gegenüber dem Leben. Wer aufmerksam wird auf sich selbst, auf den anderen, auf die Natur um ihn herum – gezwungenermaßen im Leid und freiwillig in der Liebe –, der meditiert.

> *Und als er gegessen und getrunken hatte, legte er sich wieder schlafen. Und der Engel des HERRN kam zum zweiten Mal wieder und rührte ihn an und sprach: Steh auf und iss! Denn du hast einen weiten Weg vor dir. Und er stand auf und aß und trank und ging durch die Kraft der Speise vierzig Tage und vierzig Nächte bis zum Berg Gottes, dem Horeb (V. 6-8).*

Mit einem Mal ist es nicht getan. Es ist ein weiter Weg zum eigenen Innern, zum Berg der Gottesbegegnung. Er ist angefüllt mit Wachen und Fasten. Die Kraft der Speise fühlen wir nur, wenn wir anders lernen zu essen: bewusster, aufmerksamer. Leer werden und langsam wieder kauen, schmecken, genießen. Wenn wir trinken mit Verstand und richtig atmen. Wenn wir gesammelte Aufmerksamkeit zuwege bringen, im richtigen Rhythmus von Anspannung und Entspannung. Es ist ein weiter Weg: vierzig Tage und Nächte bis zum Berg Gottes, dem Horeb.

---

[10] Dorothee Sölle, Leiden, Stuttgart: Kreuz 1973, S. 109.

Und er kam dort in eine Höhle und blieb dort über Nacht. Und siehe, das Wort des HERRN kam zu ihm: Was machst du hier, Elia? Er sprach: Ich habe geeifert für den HERRN, den Gott Zebaoth ... (V. 9-10).

Am Ende der Reise öffnet sich ein Raum, in dem man sich sehen kann, wie man ist, mit allen Vorzügen und Schwächen. Das also bin ich, ich ganz allein. In einer Höhle über Nacht werde ich neu geboren, kann mich sehen, wie ich bin. Gott sagt zu mir:

Geh heraus und tritt hin auf den Berg vor den HERRN! Und siehe, der HERR wird vorübergehen (V. 11).

Gott begegnet mir, so wie ich bin. Ich kann heraustreten aus der Höhle, in der ich mich versteckt habe, und dem Leben begegnen. Ich, so wie ich bin. Mit meiner Liebe und meiner unerkannten Sünde – „im Licht vor deinem Angesicht" (Ps 90,8)!

Wie kann man sich selber, wie kann man Gott begegnen – ohne alle Verstellung? Ich fürchte mich, vor dem Sturm, vor dem Erdbeben, vor dem Feuer, das jetzt losbricht.

Aber der HERR war nicht im Sturm, im Erdbeben, im Feuer (V. 11-12).

„Ein stilles, sanftes Sausen", so übersetzt es Luther. „Eine Stimme verschwebenden Schweigens", sagt Martin Buber. Das ist es: die meditative Erfahrung. Eine Stimme verschwebenden Schweigens. Wer das erlebt hat, dem legt sich ein Leuchten auf das Gesicht, das man nicht zeigen und nicht erklären kann.

Als das Elia hörte, verhüllte er sein Antlitz mit seinem Mantel und ging hinaus ... (V. 13).

Was jetzt beginnt, nennt man die Rückreise, die Rückreise in die Realitäten des Lebens.

Ich bin mir selber begegnet und weiß jetzt, was zu tun ist. Elia hat eine ganz neue Gotteserfahrung gemacht, er erhält eine begrenzte Aufgabe und er bekommt einen Mitarbeiter und Nachfolger an die Seite gestellt. Er darf seine

Grenzen erkennen und annehmen und seine Begabung und Berufung neu leben. Seine Meditation, seine Gottesbegegnung verändert sein Leben.[11]

[11] Vgl. dazu: Traugott Ulrich Schall, Erschöpft – müde – ausgebrannt. Überforderung und Resignation: vermeiden – vermindern – heilen, Würzburg: Echter 1993.

Heilwerden in der Nähe Jesu

Und Jesus ging umher im ganzen galiläischen Lande, lehrte in ihren Synagogen und predigte das Evangelium von dem Reich und heilte alle Krankheit und alle Gebrechen im Volk (Matthäus 4,23).

Die Evangelien berichten übereinstimmend davon, dass kranke Menschen in der Nähe Jesu gesund geworden sind. Offenbar ging eine Kraft von ihm aus, die andere heilte. Allerdings legen schon die Wundererzählungen der Evangelien nahe, alle Aufmerksamkeit auf den Wundertäter selbst zu richten und ihn für sein Handeln anzustaunen. Uns modernen Menschen fällt es schwer, diese gläubig-verehrende Haltung anzunehmen. Zu tief sitzt der Zweifel, ob das wirklich alles so geschehen sein kann, wie es berichtet wird: erstaunliche Wunder, die eine Durchbrechung von Naturgesetzen zu enthalten scheinen. Das alles ist nur schwer mit unserem neuzeitlichen Wahrheitsbewusstsein in Einklang zu bringen.

Eine nähere Beschäftigung mit den Heilungsgeschichten der Evangelien bringt aber eine erstaunliche Entdeckung: Es geht gar nicht in erster Linie um das Wunder einer Durchbrechung von Naturgesetzen, sondern um das Wunder der Verwandlung und Neustiftung von Beziehungen. Nicht nur der Wundertäter selbst ist wichtig, sondern vor allem auch die Menschen, an denen er handelt, und ihr Glaube. „Gehe hin, dein Glaube hat dir geholfen“, sagt Jesus mehrfach und macht damit deutlich, dass es nicht nur an ihm liegt, wenn Menschen in seiner Nähe gesund werden.

Für uns Heutige ist das von großer Bedeutung. Wir können entdecken, dass wir selber in diesen Wundergeschichten vorkommen, dass es um unsere Ängste und Verkrampfungen geht, die der Gottessohn heilen und zurechtbringen will, wenn wir uns nur öffnen für seine lebensspendende und heilende Kraft. Ich glaube, dass wir eine ganz neue Beziehung zu den Wundergeschichten entwickeln müssen. Nicht so, dass wir einen übermächtigen Wundertäter anstaunen und dann die Abwesenheit seiner Kraft in dieser Welt beklagen, sondern so, dass wir uns selber entdecken in diesen Geschichten, unseren heimlichen Schaden, und uns verwandeln lassen von seiner Liebe.

Könnte es nicht sein, dass die Kehrseite einer naiv-gläubigen Verehrung des Wundertäters eine tiefe Skepsis und Ungläubigkeit ist, ich selber könnte betroffen und gemeint sein? Immer geht es um andere, die blind, taub und gelähmt waren und die in der Nähe Jesu gesund geworden sind. Nie bin ich es selber, der mit seiner eigenen Krankheit gemeint ist in den Heilungsgeschichten des Neuen Testaments. So denken wir, Wunder – ja, früher mag es die gegeben haben, als der Christus noch unter den Menschen weilte, aber heute geschieht das nicht mehr, heute verlassen wir uns lieber auf die medizinische Wissenschaft, auf das, was wir sehen, begreifen und erklären, vielleicht auch einmal bessern und verändern können.

Ich möchte den Blick darauf lenken, dass in den Wundergeschichten der Evangelien eine Dynamik steckt, die auch noch heute von Bedeutung ist und uns verwandeln kann, wo wir krank und verängstigt sind, unheile Menschen in einer unheilen Welt. Gott will uns auch heute noch heil machen, wenn wir uns nur öffnen für seine Nähe.

Dem Neuen entgegenfiebern

> *Und sie gingen alsbald aus der Synagoge in das Haus des Simon und Andreas mit Jakobus und Johannes. Und die Schwiegermutter Simons lag und hatte Fieber; und alsbald sagten sie ihm von ihr. Und er trat zu ihr und fasste sie bei der Hand und richtete sie auf: und das Fieber verließ sie, und sie diente ihnen (Markus 1,29-31).*

Eltern von Kindern wissen, wie sehr oft Fieber die entscheidenden Entwicklungsschritte ihrer Kinder begleitet. Das hat seinen Grund darin, dass das Neue und Befruchtende eines künftigen Lebensabschnittes nicht gleich in das Bewusstsein integriert werden kann, sondern zunächst auf einer körperlichen Ebene bearbeitet werden muss. Ehe wir verstehen und an uns heranlassen können, wehren wir zunächst ab. Und doch erregt und entzündet uns das Neue, bis wir es ohne Angst an uns heranlassen können und aus der Begegnung mit ihm neue Kräfte gewinnen. Kinderkrankheiten sind oft mit Fieber und entzündlichen Prozessen verbunden. Sie enthalten eine tiefe Wahrheit über unser Leben: Es bedarf der inneren Auseinandersetzungen mit dem Neuen, ehe wir es an uns heranlassen können und als ein Stück von uns selber begreifen. Am Ende dieser Auseinandersetzung steht eine neue Kraft, die wir erworben haben, weil wir den Konflikt, die Begegnung mit dem Neuen, nicht gescheut haben.

In der biblischen Geschichte von der Heilung der Schwiegermutter des Petrus handelt es sich auch um so ein Fieber, das der Begegnung mit dem Neuen vorangeht. Es enthält Abwehr und Erwartung zugleich. Auf beides reagieren die nächsten Angehörigen in der Umgebung: Sie schirmen ab und muten zu zugleich. Ich stelle mir vor, dass die Schwiegermutter des Petrus in einem dunklen Raum gelegen hat, geschützt vor den Anstrengungen des Alltags, konzentriert auf das, was ihr in der Krankheit begegnen würde. Und er kommt, dem sie entgegenfiebert, fasst sie an und richtet sie auf. Jesus tut hier gar nichts Besonderes, er spielt die Rolle des Neuen, er mutet sich der Kranken zu, er nimmt keine falsche Rücksicht.

Ist es nicht vorstellbar, dass diese Geschichte auch ganz anders hätte ausgehen können? Was wäre geschehen, wenn die Angehörigen niemanden zu ihr gelassen hätten, weil sie ja krank war? Wenn Jesus es abgelehnt hätte, zu ihr zu gehen, aus Rücksicht auf ihre Schwäche und ihren bedenklichen Zustand? Das Fieber wäre unbegriffen geblieben, hätte sich im Körper ausgetobt mit ungewissem Ausgang, jedenfalls hätte es nicht verstanden werden können als das, was es war: eine gespannte Erwartung des Neuen, die aus der körperlichen Ebene erlöst werden musste, um hinaufzugelangen in das Bewusstsein. Die Schwiegermutter des Petrus ist dem Neuen, ist Jesus begegnet und gewinnt daraus neue Kraft, zu leben und zu dienen. Sie war bis aufs äußerste gespannt, hat sich gewehrt, mit körperlicher Erregung und Abwehr reagiert, aber nun hat sie den Konflikt bestanden, das Neue, den Neuen an sich herangelassen und ist selber dabei ein Stück weit gewachsen in Richtung auf Ganzheit und Heil.

Wenn ich diese Geschichte so beschreibe und verstehe, dann fällt mir ein, wie konfliktfeindlich eigentlich unsere Gesellschaft ist, im Großen wie im Kleinen. Wenn Kinder Fieber bekommen, reagieren wir sehr schnell mit Zäpfchen und Tabletten und dämpfen den Konflikt, aus dem doch eine neue Fähigkeit und Stärke erwachsen soll. Gewiss, es gibt lebensbedrohliche Grenzen, die sollen nicht ohne weiteres überschritten werden, vor denen wollen wir unsere Kinder und auch uns selber schützen. Aber riskieren wir es in dem weiten Feld davor, dass aus Krisen und Konflikten auch gelernt werden kann, oder betrügen wir uns selbst und unsere Kinder um die Erträge solcher notwendigen Auseinandersetzungen mit frühzeitiger Dämpfung und Vermeidung? Ich habe aus der Geschichte der Heilung der Schwiegermutter des Petrus gelernt, wie fruchtbar das „Fieber" eines Konfliktes sein kann. Sonst begegnet uns das Neue nie. Haben wir den Mut, uns zu öffnen, Konflikte auszuhalten, Streit miteinander auszutragen, damit wir uns wandeln und neu werden!

Keiner kann aus seiner Haut

> *Und als er in ein Dorf kam, begegneten ihm zehn aussätzige Männer, die standen von ferne und erhoben ihre Stimme und sprachen: Jesus, lieber Meister, erbarme dich unser! Und da er sie sah, sprach er zu ihnen: Gehet hin und zeiget euch den Priestern! Und es geschah, da sie hingingen, wurden sie rein (Lukas 17,12-14).*

Manchmal geht der Körper merkwürdige Wege mit uns, um uns daran zu erinnern, wie wichtig es ist, Nähe zu anderen Menschen herzustellen, offen und verwundbar zu werden. Was wir in unserem Bewusstsein nicht begreifen können, zeigt sich an anderer Stelle: Es geht auf, will heraus und zeigt gleichzeitig den ganzen Konflikt, unter dem wir leiden. Hautkrankheiten verhindern oft gerade den Kontakt, den wir suchen.

Jesus hat sich davon nicht beirren lassen. Er hat hingeschaut und verstanden und den Kranken Mut gemacht, sich zu zeigen. Das hat sie heil gemacht. Wenn das immer so leicht wäre, sich anderen so zu zeigen, wie man ist! Wir haben eher das Gefühl, unsere Haut zu Markte zu tragen, wenn wir andere so nah an uns heranlassen. Wir haben schlechte Erfahrungen gemacht mit Offenheit, und deshalb lassen wir so richtig niemanden an uns heran.

Aber das stürzt uns in einen fatalen Konflikt: Wir möchten andererseits ja gerne, dass uns einer versteht und nahe kommt, zärtlich zu uns ist und uns liebt. Und so reagiert unsere Haut ganz empfindlich auf unsere jeweiligen Stimmungen: gereizt und gerötet, frierend und voller Abwehr, weich und voller Wärme, anziehend oder abstoßend im Geruch, voller Schuppen und Risse, gepanzert und offen zugleich. Manchmal ist es uns peinlich, wenn aufmerksame

Menschen an unserer Haut entdecken, was mit uns los ist. Dann verstecken wir uns hinter dicker Kleidung, überströmenden Wohlgerüchen oder aufgetragener Farbe. Aber keiner kann aus seiner Haut. Wir sehnen uns danach, uns in ihr wohl zu fühlen und von anderen angenommen zu sein. Die richtige Mischung zu finden von Distanz und Nähe.

Kinder sind da noch unbefangener als Erwachsene. Im Spiel stellen sie Kontakt her und erproben auch schon die nötige Abwehr. Sie zeigen sich, wie sie sind, und haben noch nicht so sehr mit dem Charakterpanzer zu tun, den Erwachsene im Laufe ihres Lebens meinen, sich zulegen zu müssen. Vielleicht hat Jesus deshalb die Kinder zu sich gerufen und sie vor die Erwachsenen gestellt und ihnen klar gemacht, dass sie von den Kindern lernen können, nämlich Offenheit und Vertrauen. Sie sind noch verwundbarer und deshalb offen für das Wunderbare in ihrem Leben. Wir Erwachsene haben uns eine dicke Schutzschicht zugelegt, mag sie nun aus Kosmetik oder Zweifeln bestehen, und lassen so schnell nichts Ungewöhnliches und Wunderbares mehr an uns heran.

Dabei könnte uns unsere verwundete Haut daran erinnern, dass wir uns nach Nähe, nach Liebe und Erbarmen sehnen, wie jene Aussätzigen, denen Jesus begegnet ist. Er hat hinter ihrer Abwehr ihre Sehnsucht gespürt und ihnen Mut gemacht, sich so zu zeigen, wie sie wirklich sind – und siehe da, das hat sie heil gemacht. Ein Wunder, das unter uns nicht mehr geschehen könnte? Machen wir doch einmal die Probe aufs Exempel und zeigen uns den Menschen, wie wir wirklich sind: empfindsam und verletzlich, offen für Liebe und für Wunder. Und wir werden die Erfahrung machen, dass eine wirkliche Verwandlung mit uns geschieht.

Wenn einer sich nicht mehr halten kann

> *Und es kamen etliche zu ihm, die brachten einen Gichtbrüchigen von vieren getragen. Und da sie ihn nicht konnten zu ihm bringen vor dem Volk, deckten sie das Dach auf, da er war, und machten eine Öffnung und ließen das Bett hernieder, darin der Gichtbrüchige lag (Markus 2, 3-4).*

Von Jesus wird berichtet, dass er dem Gichtbrüchigen angesehen hat, was ihn krank machte: es war tiefsitzende Schuld, die ihn lähmte. „Mein Sohn, deine Sünden sind dir vergeben." Das war der befreiende und erlösende Satz, den Jesus zu ihm sprach und der den Gichtbrüchigen wieder auf die Beine brachte. Dass solche Beobachtungen nichts Ungewöhnliches sind, mag damit zu tun haben, dass es auch heute aufschlussreiche und zugleich verständnisvolle Beschreibungen der Charaktereigenschaften von Polyarthritis-Patienten gibt, die einem klarmachen, wie viele blockierte Aggressionen hinter diesem Krankheitsbild stecken.

Ich will dem jetzt nicht in allen Einzelheiten nachgehen, sondern nur einen Hinweis geben auf ein interessantes Buch, in dem man das nachlesen kann: Thorwald Dethlefsen/ Rüdiger Dahlke, „Krankheit als Weg – Deutung und Bedeutung der Krankheitsbilder", C. Bertelsmann-Verlag, München 1983.

Mir kommt es in diesem Zusammenhang auf etwas anderes an, nämlich darauf, deutlich zu machen, dass wir aus der Haltung eines Menschen etwas ablesen können über sein derzeitiges Befinden. Eltern und Erzieher wissen das, wenn sie ihre Kinder aufmerksam beobachten. Da lässt eins die Schultern traurig hängen, ist in sich gekehrt oder versucht, hinter vorgezogenen Schultern etwas zu verbergen. Bei Erwachsenen wirken sich zu große Belastungen oft auf die Bandscheiben aus, oder überanstrengte Gelenke zeigen, dass einer zu weit gegangen ist. Immer wieder drückt sich in der Körperhaltung aus, was mit uns los ist. Da nützen Appelle und sportliche Übungen wenig, wenn wir das Äußere nicht als Ausdruck unseres inneren Zustandes begreifen.

Wer offen ist und seine eigene Mitte gefunden hat, zeigt das auch in seiner ganzen äußeren Haltung. Deshalb ist es wichtig, zu einer Begegnung mit dem eigenen Innern zu kommen. In der biblischen Geschichte sind es Freunde, die dem, der sich nicht mehr halten kann, zu der entscheidenden Begegnung verhelfen. Sie „decken das Dach auf", „machen eine Öffnung", „lassen herunter". Deutlich ist die Symbolkraft dieser Sprache: Es geht gar nicht nur um einen äußeren Vorgang, sondern um eine Begegnung „im Innern des Hauses"[12].

---

[12] Vgl. dazu: Peter Godzik/ Wolfgang Weiß, Die Heilung des Gelähmten. Eine Meditation zu Markus 2,1-12, in: Peter Godzik (Hrsg.), Sterbebegleitung – herzlich und zugewandt. Mit zahlreichen praktischen Hilfen, Rosengarten b. Hamburg: Steinmann 2012, S. 39-41.

Wir achten so viel auf das äußere Wohlbefinden unseres Körpers, treiben Sport schon im Kindesalter, aber wer achtet auf unsere Seele? Wo sind die Freunde, die für unsere Haltungsschäden nicht nur Gymnastik, sondern auch Meditation und Versenkung verschreiben? Wenn einer seine Schuld, seine Verzweiflung, seine Ängste loswerden kann bei einem, der ihn versteht, dann vermag das mehr zu einer aufrechten Haltung, zum Gehen und Stehen auf eigenen Beinen, zum Erwachsenwerden beizutragen als viel Sport und Gymnastik. Die sind auch wichtig, entschuldigen aber keine Versäumnisse in der Pflege der Seele eines Menschen.

Die herausgeschriene Wahrheit

> *Und sogleich war auch in ihrer Synagoge ein Mensch, besessen von einem unsauberen Geist; der schrie und sprach: Was willst du von uns, Jesus von Nazareth? Du bist gekommen, uns zu verderben. Ich weiß, wer du bist: der Heilige Gottes (Markus 1, 23-24).*

Manchmal geschieht es, dass einer nicht mehr anders kann, als all das herauszuschreien, was er so lange in sich unterdrückt hat. Außenstehende mag das erschrecken. Für den Betroffenen selber ist das eine Befreiung. Es sei denn, die Gewalt des Angestauten ist so groß, dass sie einen selbst und andere mit ins Verderben zieht. Es kann also durchaus sein, dass wir als Eltern und Erzieher in solchen dramatischen Krisensituationen intervenieren müssen, damit kein Unheil geschieht. Aber sonst ist es wohl gut, wenn endlich die Wahrheit herauskommt.

Wenn Kinder ganz ungeschützt die Wahrheit sagen, hat das für Erwachsene oft eine verblüffende Wirkung: Sie begegnen sich selber, all den unangenehmen und verdrängten Eigenschaften, die wir am liebsten vor uns selber verbergen wollen. Aber: „Kindermund tut Wahrheit kund." Kinder spüren sehr genau, wo unsere Schwächen liegen und machen sich oft einen Spaß daraus, gerade sie immer wieder ins Spiel zu bringen. Das stellt „Waffengleichheit" her in den so ungleichen Beziehungen zwischen Erwachsenen und Kindern. Erwachsene üben sehr oft Druck aus, setzen sich durch mit ihren Interessen, sind die Stärkeren, wenn es darauf ankommt. Kinder fühlen sich sehr oft unterlegen, und deshalb tut es ihnen gut, wenn sie Schwächen spüren und gegen die Großen ausspielen können.

Wir sollten diesen Dienst der Kinder an unserer „Ganzheit“ annehmen und offen werden für unsere heimlichen und verborgenen Schwächen. Und wir sollten uns mehr als einmal fragen, ob unsere Kinder nicht längst zu Trägem all der unbegriffenen und unterdrückten Kräfte in uns selber geworden sind. Irgendwo muss es ja mal herauskommen – und es geschieht meistens im schwächsten Glied der Kette, die mühsam ein bestimmtes Bild von uns selber aufrechterhält.

Wenn Kinder schreien und toben, dann ist es nicht immer deren „Bosheit“, der wir da begegnen, sondern uns selbst, all den abgespaltenen Gefühlen, die wir auf sie abgeladen und übertragen haben. Deshalb dient wohl nichts mehr der Gesundheit der Kinder, als wenn wir Erwachsene, die wir mit ihnen umgehen, uns bewusst sind über die Kräfte in uns selber. Wer weiß, was alles in ihm steckt, wird großzügiger sein und gütig. Der kann vergeben, weil er selbst auf Vergebung angewiesen ist.

Die Bitte um Hilfe

> *Und es war ein Mann in des Königs Dienst, des Sohn lag krank zu Kapernaum. Dieser hörte, dass Jesus kam aus Judäa nach Galiläa, ging hin zu ihm und bat ihn, dass er hinabkäme und hülfe seinem Sohn: denn der war todkrank (Joh. 4,47)*

An der Geschichte von der Heilung des Sohnes des königlichen Beamten habe ich gelernt, wie krank Kinder an der Befehlsgewalt ihrer Eltern werden können. Für sie ist es eine befreiende und heilsame Erfahrung, wenn sie entdecken, dass auch die Eltern hilflos sein können und andere um Hilfe bitten. Ja, ich kenne Kinder, die nur deshalb so hartnäckig an ihrer Krankheit festhalten, weil sie ihre eigenen Eltern lehren wollen, demütig zu werden und gemeinsam eine Macht zu finden, in der beide geborgen sein können.

Deshalb ist es so wichtig, dass Eltern, Erzieher und Kinder zu einem gemeinsamen Glauben finden, der sie trägt. Kinder spüren dann, dass die Großen nicht ihre eigene Macht und Herrlichkeit weitergeben, sondern sich einer Liebe verpflichtet fühlen, der sie auch selber trauen in ihrem Leben. Es ist heilsam für Kinder zu erleben, dass ihre Eltern und Erzieher Bittende sind. Kinder nehmen es sehr übel, wenn sie später einmal merken, dass Gott als Erziehungshilfe missbraucht worden ist, der doch eigentlich ihre Freiheit und ihre Selbständigkeit will.

Von Gott sollten sich die Eltern und Erzieher lieber selber etwas gesagt sein lassen, als ihn gegen andere zu wenden – und sei es noch so gut gemeint. „Der liebe Gott sieht alles“ – wie viele unheilvolle Ängste sind schon über diesen Satz geweckt worden, der in seiner Tiefe doch wahr ist. Ja, es gibt einen, der uns anschaut und versteht, der uns in Schutz nimmt und heil macht, damit wir leben können. Ihn wollen wir bitten – Eltern, Erzieher und Kinder gemeinsam.

Begeistert von den Anfängen der Feministischen Theologie

Heimgekehrt von einem Fortbildungsseminar für Pfarrerinnen und Pfarrer in Pullach bei München brachte ich einen Text mit nach Hause von Christa Spilling-Nöker, damals noch Schulpastorin in Karlsruhe, den sie während des Seminars formuliert hatte:

Gott
Du bist alles in allem
und birgst in Dir die ganze Fülle von Lebensmöglichkeiten.
Ich glaube, dass ich zu Deinem Ebenbild geschaffen bin –
als Frau – als Mann.
Aus diesem Glauben erwächst mir das Vertrauen,
dass Du in Dir all das birgst,
was wir unter weiblich und männlich verstehen,
was wir sind als Frau oder Mann –
und das macht mir Mut, mich als Dein Geschöpf –
als Frau – als Mann –
ganz anzunehmen.
In Dir, Gott, liegt alles zusammen,
ist Heil begründet, ist Ganzheit erfahrbar.
Hilf mir, Gott, dass ich in Deiner unendlichen Fülle von Leben
meinen Weg finden kann, auf dem ich ganz werde,
ganz ich selbst und darin Dir zum Ebenbild.
Gott, erbarme Dich.

Jesus
Du zeigst mir, dass jeder Mensch gleich viel vor Dir gilt;
dass auch die Frauen, rechtlos und oft als Menschen
zweiter Klasse behandelt, wert genug waren,
Deine Begleiterinnen, Jüngerinnen und Zeugen zu sein.
Du hast Frauen als Gesprächspartner ernst genommen,
hast mit ihnen diskutiert,
hast sie für würdig erachtet, mehr zu sein
als dienstbare Geister in Haus und Gemeinde.
Du hast sie akzeptiert als Gegenüber,
das theologisch etwas zu sagen hat.
Aber Frauen waren noch mehr für Dich,

auch sinnliche Wesen.
Du hast Dir von einer Frau die Füße salben lassen,
konntest angstfrei Zärtlichkeit annehmen
und darin Glück und Freude erfahren.
Du, Jesus, hast Frauen an Dich herankommen,
hast eine blutende Frau Dich berühren lassen.
Du hast sie nicht zurückgedrängt.
Du hast das, was Frau ist in der Welt,
was weiblich gewesen ist in Dir selbst,
nicht verdrängt,
sondern in Dein Leben einbezogen.
Darin bist Du das wahre Ebenbild Gottes,
darin bist Du das Heil,
Du Heiland der Welt.
Hilf mir, dass ich darin von Dir lernen kann.
Dass du das leben konntest, Jesus, ganz sein,
Mann sein und doch auch weiblich zu fühlen,
hat dich frei gemacht im Umgang mit Frauen –
ließ auch sie frei werden von Männerzwang und Rollendruck –
ließ sie Erlösung erfahren in diesem Leben.
Lass mich auch diese Erfahrung machen,
von Männern angenommen zu werden,
die sich trauen, das Weibliche in sich leben zu lassen,
damit wir, Frauen und Männer,
einander annehmen können,
wie Du es gewollt hast.
Jesus, erbarme Dich.

Heiliger Geist
Du urweibliche Kraft in der Dreifaltigkeit,
Du schenkst uns Leben,
machst uns zu neuen Evas,
zu Frauen, die lebendig sind
und Neues schaffen und gestalten können.
Du ermöglichst uns, Frauen wie Männern,

uns unseren eigenen Lebensentwurf zu schaffen,
– zu hinterfragen
– neu zu gestalten.
Du gibst uns Kraft, Leid und Enttäuschung zu verarbeiten.
Du machst uns Mut, neue Wege zu gehen
in der Kirche, die lebendige Kirche sein will,
von der wir als Mutter Kirche reden
und darin zum Ausdruck bringen, dass sie Menschen
zum Leben verhelfen will.
Gib uns, Heiliger Geist, diese Kraft,
aus unserer werdenden Ganzheit heraus
Ganzes, Heiles zu wirken in unserer Welt,
dass wir Schöpfung bewahren,
Beziehungen gestalten,
Lebendiges schaffen und
darin Dein Reich leuchten lassen. Amen.

Dieses meditative Glaubensbekenntnis zu dem dreifaltigen Gott, der Frauen und Männer zu ihrer Ganzheit finden lässt in liebevoller und gleichberechtigter Gemeinschaft, war Ausdruck und Folge einer wichtigen Lernerfahrung in einem Studienkurs der VELKD zum Thema „Eva, Mirjam, Maria – die Rolle der Frau in Kirche und Verkündigung", an dem als Referentinnen u.a. Marga Bührig, Luise Schottroff, Heidemarie Langer und Rut Rohrandt teilnahmen.

In der Zeit nach dieser Erfahrung in Pullach habe ich sehr viele Bücher aus dem Bereich der Feministischen Theologie gelesen und praktisch noch einmal Theologie studiert in den Fächern Altes und Neues Testament, Kirchengeschichte, Systematische und Praktische Theologie. Ich kann die theologischen Aha-Erlebnisse gar nicht alle beschreiben, die mir in dieser intensiven Studienzeit aufgegangen sind. Ich habe Frauengestalten entdeckt, die mir bis dahin unbekannt geblieben waren und von denen ich viel gelernt habe. Freilich seufzte ich auch manchmal unter der Schärfe der Kritik und der Radikalität der Forderungen, wie sie z. B. Mary Daly erhob und vortrug. Ich merkte bald, dass sich die Feministische Theologie in verschiedene Richtungen entwickelte und hielt mich verständlicher Weise eher beim reformerischen Flügel auf, auch wenn ich dem revolutionären Flügel meinen Respekt nicht ganz versagen konnte.

In meiner Gemeinde wagte ich mich zunächst an ein Seminar über die vier Frauen aus dem Stammbaum Jesu heran: Thamar, Rahab, Ruth und Bathseba. Und als dann der Streit um die Feministische Theologie in der kirchlichen und sonstigen Öffentlichkeit eskalierte, bot ich eine Seminarreihe über das ganze Spektrum der Feministischen Theologie an. Ermutigt wurde ich dazu durch einen Artikel von Maria Jepsen in der Mitarbeiterzeitschrift der Nordelbischen Kirche. Sie schrieb damals unter der Überschrift „Neuheidentum – oder Zugang zum christlichen Glauben" zum Streit um die Feministische Theologie:

> *Feministische Theologie lässt sich nicht systematisch beschreiben, nicht als feste Dogmatik vertreten, wie es manche gern möchten, um sie dann vielleicht auch leichter kritisieren zu können. Feministische Theologie ist vielmehr immer von Erfahrungen geprägt, vom Kontext des Lebens derer, die nach Gott und dem Sinn des eigenen Lebens fragen.*
>
> *Feministische Theologie ist auf dem Weg, eine Exodus- und Emanzipationstheologie, prozesshaft, suchend, fragend, lebendig, unfertig.*
>
> *Wer sich auf Feministische Theologie einlässt, will wissen und fühlen und tun, „was Christum treibet", will das Reich Gottes erfahren und verwirklichen helfen, will die Schöpfung wahrnehmen und ernstnehmen, will Leib, Seele und Geist annehmen als Einheit, will stark und schwach sein dürfen, will nachfolgen und dienen, nicht in starr hierarchischer Unterordnung, sondern in der Freiheit der Kinder Gottes.*

Natürlich wurde ich damals gefragt, wie ich eigentlich dazu käme, als Mann Seminare über Feministische Theologie anzubieten oder Vorträge über Feministische Theologie zu halten. Ich habe mich damals auf Boas berufen, den ersten feministischen Theologen des Alten Testaments, dem angesichts einer ährenlesenden Moabiterin auf seinem Feld nicht das abweisende Gesetz des Mose einfiel: „Du sollst nie den Frieden der Moabiter suchen noch ihr Bestes dein Leben lang. Denn sie sind euch auch nicht entgegengekommen mit Brot und Wasser auf dem Wege, als ihr aus Ägypten zogt" (5. Mose 23,5.7), sondern ein weibliches und annehmendes Bild von Gott aus dem 36. Psalm, Vers

8: „Du bist gekommen zu dem Gott Israels, dass du unter seinen Flügeln Zuflucht hättest“ (Ruth 2,12). Und ich habe immer wieder hervorgehoben, mit wie viel Gewinn ich all die vielen Bücher aus dem Bereich der Feministischen Theologie gelesen habe und wie viele Hilfen und Anregungen für meine eigene Predigt und Gemeindearbeit ich daraus gewonnen habe. Aber erst im Gespräch, im Vortragen, im gemeinsamen Arbeiten an Thesen und Positionen, im Gestalten von Bibeltexten und Lebenssituationen gewinnt Anschauung Konkretion und wird zu einem Teil der eigenen Lebenshaltung, was sich in Büchern nachlesen und studieren lässt.

So habe ich es gewagt, eine Zeitlang selber Feministische Theologie zu treiben – rezipierend freilich und weitergebend an andere, was Frauen für sich entdeckten in Bibel und Kirchengeschichte, in kirchlichen Lehrmeinungen und liturgischer Praxis.

Was begeistert mich als Mann an der Feministischen Theologie?

Ich kann nur weitergeben, was ich selber empfangen habe und was durch meine eigene Lebenserfahrung und durch mein theologisches Nachdenken hindurchgegangen und befestigt worden ist. Mich erinnert das an einen Schreittanz, den wir damals in der Kapelle in Pullach zu den Klängen des Kanons in D-dur von Pachelbel getanzt haben: die linke Hand zur Mitte hin, zu einem Licht und einem Blumenstrauß, ausgestreckt; aufnehmend, was von dort an Licht und Kraft in mich einströmt; es spüren im eigenen Körper, aneignen und verwandeln in gebende Kraft; mit der rechten Hand zwischen den Schulterblättern des vor mir Gehenden die empfangene und innerlich verarbeitete Kraft abgeben mit sanftem und stützendem Druck; und dabei mit den anderen zusammen im Kreis voranschreiten: drei Schritte vor bestimmt und zuversichtlich setzen und einen zurückgehen im wiegenden Schritt.

So habe ich gelernt, so möchte ich weitergeben, was mich begeistert an der Feministischen Theologie. Ich möchte es tun in vier Schritten:

- Rahab oder die Ablösung des Matriarchats
- Thamar oder der unbändige Mut zum Leben

- Ruth oder die gewagte Beziehung
- Bathseba oder die geliebte Partnerin

Rahab oder die Ablösung des Matriarchats

Ob es in der Geschichte der Menschheit je ein goldenes Zeitalter frauenbestimmter Kultur gegeben hat, ist umstritten. Bachofen hat es behauptet und viele Forscherinnen und Forscher nach ihm. Andere haben es bestritten und vom „Mythos des Matriarchats" (Uwe Wesel) gesprochen. Wie dem auch sei, wie immer die frauenbestimmten Gesellschaftsformen ausgesehen haben mögen: Es ist eine geschichtliche Tatsache, dass sich die Entwicklung der Menschheit seit Tausenden von Jahren in patriarchaler Form vollzogen hat – ein Umstand, unter dem Frauen nicht nur ihre Ruhe fanden, wie es ein Bibeltext behauptet (Ruth 1,9), sondern unter dem sie gelitten haben, weil er sie ihrer Rechte als gleichberechtigte Partnerinnen des Mannes beraubte.

In der Bibel findet sich ein interessanter Niederschlag der wohl mit Recht vermuteten Ablösung des Matriarchats durch das Patriarchat. Es handelt sich um die Geschichte von Rahab, wie sie uns im Buch Josua in den Kapiteln 2 (Verse 1-24) und 6 (Verse 17-25) überliefert ist.

Auf den ersten Blick ist das eine schreckliche „Männergeschichte": An einer Stadt wird der „Bann" vollzogen „mit der Schärfe des Schwerts, an Mann und Weib, jung und alt, Rindern, Schafen und Eseln" (Josua 6,21). Nur die „Hure" Rahab bleibt verschont, „weil sie die Boten verborgen hatte, die Josua gesandt hatte, um Jericho auszukundschaften" (Josua 6,24).

Aus der Sicht des männlichen Erzählers erklärt diese Geschichte u.a. die Existenz der Prostitution in Israel und gibt ihr eine höhere, nationale Weihe.

Aber unter der Oberfläche dieser „Männergeschichte" ist eine ganz andere, eine „Frauengeschichte", verborgen. Die „Hure" Rahab ist nämlich eigentlich Priesterin am Tempel einer Muttergottheit, die mit den sie besuchenden Männern die „Heilige Hochzeit" vollzieht. Belege für diese These finden sich bei Jörg Zink in seinem Buch „Licht über den Wassern. Geschichten gegen die Angst" (Stuttgart 1978, S. 112-170).

Rahab „weiß“ aufgrund ihrer priesterlich-weiblichen Intuition, dass in den heranziehenden Israeliten eine neue Macht erscheint, der die Zukunft gehören wird: „Ich weiß, dass der Herr euch das Land gegeben hat; denn ein Schrecken vor euch ist über uns gefallen, und alle Bewohner des Landes sind vor euch feige geworden“ (Josua 2,9). Das gilt aber nicht nur in militärischer, sondern auch in religiöser Hinsicht: „Seitdem wir das gehört haben, ist unser Herz verzagt, und es wagt keiner mehr vor euch zu atmen; denn der Herr, euer Gott, ist Gott oben im Himmel und unten auf Erden“ (Josua 2,11).

Rahab, die Priesterin am Tempel einer Muttergottheit, „weiß“ aufgrund ihrer Erfahrung, dass sich nun die „Vermählung“ des Himmelsgottes mit der Erdgöttin vollzieht. Als ihre „Gabe“ bringt sie dabei „Barmherzigkeit“ (von hebräisch rhm = Mutterschoß) mit ein in der Hoffnung, dass die „Kundschafter“ auch ihrerseits Barmherzigkeit und Treue üben.

In dieser Deutung wird die Geschichte zu einer verschlüsselten Botschaft an alle Männer: sie, die dereinst von einer Mutter geboren wurden oder, um im Bild unserer Geschichte zu bleiben, „am roten Seil durchs Fenster herniedergelassen“ wurden, mögen der Barmherzigkeit (des Mutterschoßes) eingedenk sein, wenn sie ins Reich der Mütter eindringen, eine Frau, eine Stadt, die Natur oder die Welt erobern. Es geht im Leben nicht ohne diesen „Vorgang“ ab, aber er soll in „Barmherzigkeit und Treue“ gegen Rahab geschehen, damit die Männer nicht unversehens selbst des Todes sind.

In der biblischen Erzählung versprechen die Kundschafter diese Barmherzigkeit und Treue, und Josua hält sich daran. Aber in der Geschichte der Menschheit haben die Männer bei ihren Eroberungen und Streifzügen die Barmherzigkeit und Treue gegen Rahab vergessen und in großer Selbstherrlichkeit die Heilige Hochzeit zwischen Himmelsgott und Erdgöttin verraten. Sie blicken nur auf ihre eigene Potenz und spalten sich ab von den Kräften des Mütterlichen, der Barmherzigkeit und der Liebe.

So wie die Kundschafter in ihrem Bericht an Josua protzen sie nur mit ihrem vermeintlich ganz allein erzielten Erfolg und ziehen das Göttliche in dieses unverständige Macho-Gehabe mit hinein: „Der Herr hat uns das ganze Land in unsere Hände gegeben, und es sind auch alle Bewohner des Landes feige vor uns geworden“ (Josua 2,24). Sie verstehen nichts von der Vermählung zwischen „Gott oben im Himmel und unten auf Erden"; sie verstehen nichts von der Liebe. Und das ist „der springende Punkt an der ganzen Geschichte"[13].

Erst ein anderer „Josua", Jesus von Nazareth, hat sein Rahab-Erbe verstanden und Barmherzigkeit und Treue erwiesen an allen Menschen, besonders aber an den Frauen. Er „weiß" wie Rahab, dass die Erde einst den Sanftmütigen gehören wird (Matthäus 5,5), denen, die darum bitten, dass Gottes Wille geschehen möge „wie im Himmel so auf Erden" (Matthäus 6,10).

Sie werden fragen, was ich mit dieser Geschichte zum Ausdruck bringen will. Mit Rahab möchte ich sagen: Es war nicht zu verhindern, dass die Israeliten Jericho erobert haben. Wie es wohl überhaupt niemals zu verhindern sein wird, dass Männer Frauen und Städte und die Welt erobern wollen und auch tatsächlich ihr Ziel erreichen. Das gehört zu ihrem biologischen Erbe und zu ihrer geschichtlichen Aufgabe. Aber alles kommt darauf an, wie sie es tun, und ob sie dabei kreativ oder kriegerisch vorgehen. Für die gewaltsame Eroberung, noch dazu mit tödlichen Waffen, gibt es keine Entschuldigung. Und insofern das Patriarchat die Männer immer wieder dazu erzieht, gehört es abgeschafft und überwunden.

Aber die einfache Rückkehr zur großen Mutter, zu matriarchalen Verhältnissen, ist auch keine Lösung. Wir wollen und können das Rad der Geschichte nicht zurückdrehen und sollten uns auch psychologisch nicht in eine schwere Regression begeben – das alles wird zu teuer bezahlt. Aber wir können eine geschwisterliche Gesellschaft entwickeln, die uns erlaubt, friedlich und barmherzig miteinander umzugehen.

Unser Gottesbild, unser Verständnis von Geschichte wird sich daran zu orientieren haben. Das Gedächtnis der Opfer einer grausamen patriarchalen Geschichte, eine *memoria passionis* auch und gerade der Frauen, gehört dazu – und der Blick in eine noch zu erringende Zukunft, in der Verbundenheit statt Abspaltung das Zusammenleben der Menschen bestimmt.

---

[13] So deutet Wilhelm Willms das Geheimnis der Jungfrauengeburt in dem von Peter Janssens vertonten Singspiel „Ave Eva oder der Fall Maria", 1974.

Thamar oder der unbändige Mut zum Leben

Zu den schrecklichsten Erfahrungen der Frauen in der Geschichte des Patriarchats gehört ihre Behandlung als Rechtsgut und Eigentum des Mannes. „Du sollst nicht begehren deines Nächsten Weib, Knecht, Magd, Vieh oder alles, was sein ist", lautet das zehnte Gebot in der auch heute noch gültigen Katechismus-Fassung Martin Luthers.

Sich nicht selber gehören, sondern einem anderen anvertraut oder ausgeliefert zu sein, ist an sich schon eine beschämende und kränkende Erfahrung. Frauen mussten es aber auch noch ertragen, von den Männern mit den tödlichen Maßstäben doppelter Moral gemessen zu werden. Es waren gefährliche Zeiten, in denen sie leicht als Hexen verbrannt wurden.

Auch hierzu findet sich ein Niederschlag in der biblischen Überlieferung, die dann freilich eine überraschende und die Frauen ermutigende Wendung enthält.

Als man Juda, dem vierten der zwölf Söhne Jakobs, ansagt: „Deine Schwiegertochter Thamar hat Hurerei getrieben; und siehe, sie ist davon schwanger geworden" (1. Mose 38,24), reagiert er darauf überaus heftig und befiehlt sofort: „Führt sie heraus, dass sie verbrannt werde."

So war das selbstverständlich geregelt in patriarchalen Gesellschaften. Das ist rechtlich gesehen inzwischen anders geworden, aber manche Männer reagieren auf der psychologischen Ebene auch heute noch so.

Dabei ist die Thamar-Geschichte eher ein Lehrstück für den unbändigen Lebensmut von Frauen, die sich um keinen Preis davon abbringen lassen wollen, dem Leben mit ihren Kräften zu dienen.

Thomas Mann schreibt über Thamar in seinem Roman „Joseph und seine Brüder": „Zwei Söhne hatte sie vertilgt aus Israel, als sie hinabgestiegen war in der Zeit, und lieferte zwei ungleich bessere dafür, da sie wieder hinaufstieg" (S. 1170 f.).

Sein Thamar-Kapitel hat dieser mutigen Frau und allen nach Gleichberechtigung strebenden Frauen ein unvergessliches literarisches Denkmal gesetzt: „Auf das Weib aber kam's an, und darauf, dass das rechte just hier am schwächsten Punkt sich einschalte. Dem Schoße des Weibes galt die erste Verheißung. Was lag an den Männern!" (S. 1159)

Generationen von Theologiestudenten haben am Beispiel dieser Geschichte gelernt, dass im Hebräischen „Gerechtigkeit" keine absolute Norm, sondern ein Verhältnisbegriff ist. Als Juda erkennt, dass er selber hinter dieser ungewöhnlichen Schwangerschaft steckt, sagt er vor all den Zeugen dieser für ihn so peinlichen Szene: „Sie ist gerechter als ich."

Die Fragen von Moral und Ethik, die uns heute beschäftigen, müssen auf dem Hintergrund dieser Geschichte so beantwortet werden, dass ein lebensdienliches Verhalten dabei herauskommt und keine tödliche Moral, die zwar im Prinzip recht hat, aber dann doch die beteiligten Menschen übergeht, vernachlässigt und kränkt.

Die herrschende Moral wird freilich nach wie vor von den Männern bestimmt und dient überwiegend ihren eigenen Interessen. Ich erspare es mir, das an einzelnen Beispielen zu belegen. Auffällig ist nur, dass zentrale Konfliktsituationen des weiblichen Lebenszusammenhangs – sexuelle Gewalt innerhalb und außerhalb der Ehe, die strukturelle Ungerechtigkeit der Hausfrauenarbeit, die gesellschaftliche Doppelbelastung von Familienmüttern, der berufliche „Wiedereinstieg" und andere typische Konfliktsituationen der weiblichen Biographie – in der überwiegend von Männern bestimmten ethischen Diskussion trivialisiert oder ganz verschwiegen, in älteren moraltheologischen Werken eher romantisiert und als zum Wesen der Frau gehörig erklärt werden.

Dagegen ziehen Konfliktsituationen, die nur oder vor allem im Leben von Männern vorkommen – etwa Fragen des Wehrdienstes oder die Frage nach dem Umgang mit Eigentum –, unverhältnismäßig viel Aufmerksamkeit auf sich, so dass die Gefährdungen männlicher Freiheiten und Güter als zentrales Problem traditioneller Ethik erscheinen.

Wo das Verhalten von Männern gegenüber Frauen zum Thema gemacht wird, verschleiert oft ein harmonistisches Vorverständnis des Geschlechterverhältnisses den Blick auf die Wirklichkeit: Während in der politischen Ethik und in der Sozialethik ausführlich über Gewalt reflektiert wird, ist die sexuelle Gewalt von Männern an Frauen und Mädchen immer noch ein weitgehend tabuisiertes Thema. Im umfangreichen Sachregister des „Handbuches der christlichen

Ethik“ (Freiburg/Gütersloh 1978-82) z. B. kommt der Begriff „Vergewaltigung“ nicht vor.

Der Entwicklungspsychologin Carol Gilligan ist es aufgefallen, dass sich die meisten entwicklungspsychologischen Modelle fast ausschließlich auf empirische Befragungen von Männern stützen und ihr Konzept moralischer Reife unhinterfragt vom männlichen Sozialcharakter ableiten: Die Fähigkeit, sich möglichst unabhängig von konkreten Umständen an abstrakten Prinzipien zu orientieren, gilt als höchste Stufe moralischer Reife des Menschen. Gemessen an diesem Stufenschema müssen Frauen mit ihren anderen Orientierungen dann notwendig als unreif erscheinen.

Carol Gilligans Arbeit hat es zum ersten Mal ermöglicht, sehr bewusst zwischen einer Ethik des Rechts und einer Ethik der Fürsorge und Verantwortung zu unterscheiden und damit die moralische Entwicklung und die kognitiven Fähigkeiten von Frauen in einem neuen Licht zu sehen. Nach ihrer Einschätzung ist das moralische Urteil von Frauen stärker kontextgebunden und von der Anteilnahme an konkreten Situationen geprägt als bisher angenommen.

Die Frage nach dem guten Gelingen von Beziehungen steht stärker im Vordergrund als die Frage, wie allgemeinen Prinzipien möglichst gut entsprochen werden kann. Solche „Beziehungsethik“ ist männlicher „Prinzipienethik“ nicht unterlegen. Sie hat vielmehr als „die andere Stimme“ (so der Titel des Buches von Carol Gilligan) eine moralische Kompetenz eigener Art, die ein im Androzentrismus befangener Theoretiker nicht wahrnehmen oder gar als unverzichtbar würdigen kann.

Erinnern wir uns aber noch einmal an die biblische Geschichte. Juda konnte das immerhin zugeben und von Thamar sagen: „Sie ist gerechter als ich“ (1. Mose 38,26).

Ruth oder die gewagte Beziehung

Theologisches Wahrnehmen und Denken ist sehr stark von den partikularen Erfahrungen beeinflusst, die Frauen und Männer auf je verschiedene Weise in einer patriarchal strukturierten Gesellschaft, Kirche und Religion machen.

Feministische Theologie geht dabei von den Erfahrungen der Frauen aus und ist besonders den Frauen und ihren spezifischen Lebenserfahrungen verpflichtet. Angeblich geschlechtsneutrale theologische Aussagen (z. B. über Sünde und Erlösung) müssen anhand der Erfahrungen von Frauen kritisch überprüft und neu formuliert werden.

Unter diesem grundlegenden Anspruch der Feministischen Theologie haben sich eine Reihe von neuen Forschungsansätzen und Fragestellungen in der Theologie ergeben, die dazu führten, dass jahrelang eigentlich nur noch im Bereich der Feministischen Theologie spannende und neue Thesen in kreativer Weise erarbeitet wurden.

Feministische Theologie entfaltete sich als breite Bewegung von Frauen, die mit ihren verschiedenen Erfahrungen in verschiedenen Kontexten, Lebens- und Arbeitssituationen, Gruppenzugehörigkeiten und Wissensarten endlich theologisch zu Wort kamen.

Die Männer waren dabei zunächst nur die erstaunten Zuhörer – bis sie begriffen, dass auch ihre Sache hier verhandelt wird: die Auseinandersetzung mit der weiblichen und kreativen Seite ihrer eigenen Existenz, die Betonung der Erfahrungsbezogenheit der Theologie gegen alle leere Orthodoxie.

Schon Luther hatte ja gewarnt: *„Ihrer sind viele, die Gott mit lauter Stimme preisen, mit kostbaren Worten predigen, viel von ihm reden, disputieren, schreiben und malen, viele, die sich über ihn Gedanken machen und durch die Vernunft nach ihm trachten und spekulieren, dazu viele, die ihn mit falscher Andacht und Willen erheben"* (WA 7, 554) und demgegenüber am Beispiel der Gottesmutter Maria die Bedeutung der Erfahrung hervorgehoben, *„außerhalb derer nichts gelehrt wird als nur leere Worte und Geschwätz"* (WA 7, 546).[14]

Freilich hinderte diese Ermahnung aus berufenem Munde die Männer nicht daran, die ausdrückliche Bezugnahme auf Frauenerfahrungen zum zentralen Angriffspunkt in den Auseinandersetzungen um die Feministische Theologie zu machen. Von verschiedenen (männlichen) theologischen Positionen her wurde (und wird) der Feministischen Theologie vorgeworfen, sie sei entweder unwissenschaftlich oder unchristlich, subjektivistisch oder horizontalistisch, ideologisch oder unpolitisch, sie bevorzuge biologistisch das weibliche Ge-

---

[14] Siehe S. 15 ff.

schlecht oder sei das Hobby ohnehin privilegierter Mittelschichtsfrauen, sie verkürze und verflache die christliche Offenbarung, sie überschreite die Grenzen legitimer Theologie.

Dabei wird von den Kritikern wohlweislich übersehen, dass auch eine mit dem Anspruch auf Orthodoxie sich legitimierende Theologie verstrickt ist in eine Reihe von theologischen Aussagen, die auf dem partikularen Erfahrungshintergrund einer Gruppe von Männern formuliert und interpretiert sind und die die anders lautenden Erfahrungen von Frauen nicht zu Wort kommen lassen.

Das war ja urchristlich schon so und hat sich dann in der Geschichte der Kirche fortgesetzt. Kritiker, die die Wissenschaftlichkeit einer erfahrungsorientierten Feministischen Theologie mit Berufung auf wissenschaftliche Objektivität und Neutralität bestreiten, lassen außer acht, dass jede Wissenschaft von ihren Entstehungsbedingungen her beeinflusst ist und es daher gerade eine Frage wissenschaftlicher Redlichkeit ist, die zugrundeliegenden Erfahrungen und Interessen zu benennen.

Ich breche die grundsätzlichen Überlegungen an dieser Stelle ab, erinnere an ein Wort von Tiemo R. Peters („Theologie hat eher mit Fahren und Gefahren, d.h. Erfahrung, zu tun als mit Sitzen, Katalogisieren und Rubrizieren“) und wende mich einem biblischen Beispiel von Frauenerfahrung und Frauensolidarität zu, das Folgen für das Gottesverständnis und das erfahrungsbezogene Verstehen von Theologie gehabt hat. Ich meine die Geschichte von Ruth und Noomi, wie sie uns im Buch Ruth überliefert ist.

Noomi und Ruth werden zunächst nur in Verbindung mit ihren Männern genannt: Noomi als Frau des Ephrathiters Elimelech aus Bethlehem in Juda, der angesichts einer Hungersnot in Juda mit seiner Frau und seinen zwei Söhnen ins Land der Moabiter zieht, aber bald darauf verstirbt und seine Frau als Witwe mit den beiden Söhnen zurücklässt; Ruth als junge moabitische Frau, die wie ihre Landsmännin Orpa einen der beiden Söhne von Noomi und Elimelech heiratet. Zehn Jahre lang leben sie in familiärer Gemeinschaft, ohne dass wir viel über ihr Leben erfahren. Dann sterben auch die beiden Söhne Machlon und Kiljon und lassen die drei Frauen unversorgt zurück. Es ist eine bittere existentielle Krise, die sie durchleiden. Noomi, deren Name eigentlich „die Liebliche“ bedeutet, lässt sich später in Bethlehem von den Frauen der

Stadt „Mara“ nennen, was „die Bittere“ heißt, weil Gott ihr so viel Bitteres angetan hat.

Aber diese eigenen schlimmen Erfahrungen bringen sie doch nicht davon ab, auch weiterhin Gott in ihrem Leben zu vertrauen. Sie macht sich mit ihren beiden Schwiegertöchtern Orpa und Ruth auf den Weg, um nach Juda zurückzukehren, denn sie hat in der Fremde erfahren, dass Gott sich seines Volkes wieder angenommen und ihnen Brot gegeben hat. Bethlehem, ihre Heimatstadt, macht ihrem Namen – „Haus des Brotes“ – wieder alle Ehre, und es gab keinen Grund, die eigene, persönliche Erfahrung mit Niederlagen und Unglück höher und größer zu veranschlagen als die Erfahrungen eines Volkes, das den Verheißungen Gottes vertraute und auch durch Bitterkeiten hindurch an seinem Vertrauen auf die Zusagen Gottes festhielt.

Erfahrungstheologie, so lernen wir, heißt nicht, die eigenen Erfahrungen zu verabsolutieren, sondern sie hineinzuretten in einen größeren Zusammenhang und von dort her Heilung und Veränderung zu erfahren.

Noomi, die die Realitäten ihres Lebens kennt und sich „die Bittere“ nennen lässt, verbittert nicht, sondern bricht auf zu dem Gott, der die Geschichte ihres Volkes immer wieder getragen und gerettet hat aus tausend Abgründen heraus. Sie nimmt ihre beiden Schwiegertöchter mit, aber sie erkennt unterwegs, dass es Unrecht wäre, diese jungen Frauen an ihre eigene Lebenserfahrung zu binden, an diese Mischung aus nüchternem Realitätssinn und unzerstörbarer Hoffnung auf den Gott Israels. Sie sollen ihren eigenen Weg gehen, ihre eigenen Erfahrungen machen. Sie wünscht ihnen den Segen Gottes: Er möge ihnen die Barmherzigkeit schenken, die sie selber getan haben an ihren Männern und auch an ihr, der von so viel bitterer Lebenserfahrung heimgesuchten Schwiegermutter.

Wir wissen nicht viel über Noomis Gottesverständnis, aber es hat etwas mit ihrer weiblichen Wirklichkeit zu tun: Sie hat einen Gott vor Augen, der trotz allem, was ihr widerfahren ist, barmherzig ist; der wohl einen einzelnen Menschen traurig macht und mit leeren Händen heimkommen lässt; der sich aber seines ganzen Volkes annimmt und ihm Brot zu essen gibt. Angesichts des Bitteren in ihrem eigenen Leben bleibt sie nicht stecken in einer anklagenden Rede von einem schrecklichen und strafenden Gott, sondern sie spricht von Gott so, wie sie ihn auch kennt: dass er in all dem Bitteren wie eine Mutter ist:

barmherzig, annehmend, nährend. Sie kennt all diese Eigenschaften aus eigener Erfahrung: an sich selber und an ihren Schwiegertöchtern, die ihr wie eigene Töchter ans Herz gewachsen sind.

Zu diesem Gott macht sie sich auf, nimmt ihre Schwiegertöchter mit und lässt sie doch im entscheidenden Moment ganz los: „Kehrt um, geht zurück zu euren Müttern; vielleicht findet ihr wieder einen Mann, der für euch sorgt und in dessen Haus ihr Ruhe finden könnt. Lasst euch nicht einschließen in das Lebensschicksal einer Witwe, wie ich eine bin.“

Wir lernen daraus, wie wichtig es ist, die eigene Lebenserfahrung und die damit verbundenen theologischen Konsequenzen nicht anderen aufzuladen und für sie verbindlich zu machen. „Freut euch, wenn euer Gott freundlicher war“, schreibt Tilmann Moser zu Beginn seines großartigen Buches „Gottesvergiftung“.

Noomi hatte allen Grund, verbittert zu sein und Gott anzuklagen. Sie tat es nicht, sondern hielt dem Bitteren in ihrem Leben stand und machte sich auf zu dem Gott, der herzlich annimmt und tägliches Brot schenkt. Sie kannte das Los einer Witwe in Israel und wollte nicht, dass sich ihre Schwiegertöchter mit ihrer Fähigkeit, Menschen zu lieben und neues Leben zu schenken, einschließen. Wie sollen wir diese Theologie nennen, die gegen alle eigenen Erfahrungen Gott vertraut, niemanden bindet und allen das Beste wünscht? Feministische Theologie!

Orpa hat damals diese Ermutigung zur Umkehr und zur freien Entscheidung angenommen. Sie hat Noomi geküsst und hat geweint und ist in ihr eigenes Leben gegangen. Wir wissen nicht, was aus ihr geworden ist und welchen unauslöschlichen Eindruck sie von Noomi in ihrem Herzen behalten hat. Wer so geliebt und so freigelassen wird, vergisst das nie.

Ruth entscheidet sich anders. Sie bleibt bei Noomi: bei ihrem Mut, sich aufzumachen gegen alle bisherige bittere Erfahrung; bei ihrem Vertrauen, eine Zukunft zu finden und dort für immer zu bleiben; bei ihrem Volk, das sie bisher nur durch einige wenige Menschen kennen- und lieben gelernt hatte; bei ihrem Gott, dessen Barmherzigkeit sie nur erahnen konnte in dem tiefen Vertrauen, das Noomi ihm entgegenbrachte – auch durch die Erfahrung des krassen Gegenteils hindurch.

Ruth antwortet damals: „Rede mir nicht ein, dass ich dich verlassen und von dir umkehren sollte. Wo du hingehst, da will ich auch hingehen; wo du bleibst, da bleibe ich auch. Dein Volk ist mein Volk, und dein Gott ist mein Gott. Wo du stirbst, da sterbe ich auch, da will ich auch begraben werden. Der Herr tue mir dies und das, nur der Tod wird mich und dich scheiden."

Frauenerfahrung und Frauensolidarität, Theologie der Frauen als Grundlage jeder verlässlichen menschlichen Beziehung – darauf stützen wir uns, das rufen wir wieder an, wenn wir junge Brautpaare, Männer und Frauen, für ein gemeinsames Leben vor dem Traualtar zusammensprechen.

Aber nicht genug damit, obwohl das schon viel wäre für die Verbesserung unserer zwischenmenschlichen Beziehungen. Ruth entdeckt diesen Gott, den Noomi ihr vermittelt und nahe gebracht hat, durch eigene Erfahrung: Sie hört von ihm, nimmt ihn beim Wort, vertraut sich ihm an auch in einer riskanten Situation und macht die Erfahrung lebendigen Segens. Das heißt eigentlich Erfahrungstheologie: wenn das Reden von Gott sich verwandelt in eigenes gelebtes Leben.

Sie alle kennen die Geschichte: Ruth geht auf's Feld und liest die Ähren auf zur Zeit der Gerstenernte in der Hoffnung auf einen, vor dessen Augen sie Gnade findet. Sie gerät auf das Feld des Boas. Er sieht sie freundlich an und lädt sie ein zu bleiben, obwohl er doch das Gesetz kennt in Israel, das vorschreibt: „Du sollst nie den Frieden der Moabiter suchen noch ihr Bestes dein Leben lang. Denn sie sind euch auch nicht entgegengekommen mit Brot und Wasser auf dem Wege, als ihr aus Ägypten zogt" (5. Mose 23,5.7).

Boas fällt aber angesichts der Moabiterin Ruth nicht das abweisende und fremdenfeindliche Gesetz ein, sondern ein Beziehung stiftendes, ein mütterliches Bild von Gott: „Du bist gekommen zu dem Gott Israels, dass du unter seinen Flügeln Zuflucht hättest" (Ruth 2,12).

Ruth hört diese Rede und möchte, dass sie im konkreten Verhalten des Boas Wirklichkeit wird: „Lass mich Gnade vor deinen Augen finden, mein Herr; denn du hast mich getröstet und deine Magd freundlich angesprochen" (Ruth 2,13). „Wer sagt, dass er Gott liebt, und hasst seinen Bruder und seine Schwester", heißt es später im 1. Johannesbrief, „der ist ein Lügner" (1. Johannes 4,20).

Erfahrungstheologie, so lernen wir, vertraut nicht nur auf eigene und vor allem auf fremde Erfahrungen, sie macht liebevolle Erfahrungen überhaupt erst und auch erfahrbar für andere. Vielleicht ist das sogar das wichtigste Kennzeichen eines vertrauenden Glaubens: „nicht dass ich geliebt werde, sondern dass ich liebe ..."[15]

Aber nicht genug damit, dass Ruth die praktischen Konsequenzen eines liebevollen Gottesverständnisses von Boas erbittet, sie wagt es selber zuvor, sich darauf zu verlassen, dass es solche praktischen Konsequenzen auch tatsächlich geben wird. Gestützt und gestärkt von ihrer Schwiegermutter Noomi nimmt sie Boas beim Wort: „Du bist gekommen zu dem Gott Israels, dass du unter seinen Flügeln Zuflucht hättest." Sie lässt Boas Gottes Hände und Füße sein und kriecht zu ihm unter die Decke. Sie vertraut darauf, dass er es ernst gemeint hat und mit seiner Person dafür einsteht, was er glaubt und sagt.

Auch das ist Erfahrungstheologie: das unbedingte Vertrauen auf die Konkretheit und Wahrhaftigkeit des bezeugten Glaubens. Erst im Leben, im wirklich gelebten Leben, wird wahr, was wir sagen und glauben. „Gott hat keine anderen Hände als unsere Hände, um seine Sache heute zu tun ..."

Erfahrungstheologie erfährt so eine wichtige Ergänzung und Korrektur: Nicht erst aufgrund bestimmter Erfahrungen kann ich glauben und vertrauen, sondern weil ich glaube und vertraue, mache ich bestimmte Erfahrungen. Alles das lässt sich von Ruth lernen. Sie empfängt ein Kind und wird die Urgroßmutter des Königs David und damit eine der Urahninnen Jesu.

Die Geschichte von Ruth und Noomi, die in ihrer Liebe zueinander und in ihrem Vertrauen auf Gott den Löser finden, der ihr Leben verwandelt, bekommt am Ende eine besondere Wendung dadurch, dass die anderen Frauen sich mitfreuen und Noomi von Herzen gönnen, was ihr widerfahren ist. Kein Neid, keine Missgunst, keine üble Nachrede trübt das endlich gefundene Glück. „Gelobt sei der Herr, der dir zu dieser Zeit einen Löser nicht versagt hat! Dessen Name werde gerühmt in Israel! Der wird dich erquicken und dein Alter versorgen. Denn deine Schwiegertochter, die dich geliebt hat, hat ihn geboren, die dir mehr wert ist als sieben Söhne" (Ruth 4,14-15).

---

[15] So heißt es in dem bekannten Gebet, das dem Heiligen Franziskus zugeschrieben wird.

Eine Schwiegertochter, die mehr wert ist als sieben Söhne! Der Wert eines Menschen hängt nicht an seinem Geschlecht, sondern an dem Maß der Liebe, zu dem er, zu dem sie fähig ist.

Bathseba oder die geliebte Partnerin

Eine Bemerkung von Doris Strahm in ihrem Buch „Aufbruch zu neuen Räumen. Eine Einführung in feministische Theologie“ (Freiburg/ Schweiz ^{3}1990) lässt mich zögern, unter dieser Überschrift etwas über das Verhältnis zwischen Männern und Frauen zu sagen. Doris Strahm schreibt:

> *Wir sollten uns weigern, den Männern weiterhin als Spiegel und Projektionswand ihrer Verdrängungen und Sehnsüchte zu dienen, und alle männlichen Mythen über das Weibliche, seien sie religiöser, philosophischer oder psychoanalytischer Art, zurückweisen. Um dies tun zu können, müssen wir Frauen allerdings den schmerzhaften Weg der Selbsterkenntnis antreten und erkennen lernen, wie und wo wir uns solchen Mythen noch immer beugen, wo wir uns an ihrer Aufrechterhaltung (aktiv) beteiligen und uns im subtilen Gewebe männlicher Projektionen und Imaginationen noch heute verfangen (S. 119).*

Trotz dieser eindrucksvollen Warnung vor männlichen Projektionen und Imaginationen wage ich es, als Mann ein Bild von den Frauen zu entwerfen, von meinen Sehnsüchten und Wünschen zu sprechen und dabei deutlich zu machen, dass es um Vielfalt und Wachstum in den gegenseitigen Beziehungen zwischen Mann und Frau geht.

Meine These lautet: Jeder Mann wünscht sich (wie König David) mindestens fünf Frauen: eine Prinzessin, eine Partnerin, eine Mutter der Kinder, eine Geliebte, eine Wärme im Alter. Wohl dem Mann, der solche Wünsche nicht aufteilen muss auf verschiedene Personen, sondern die Erfahrung machen darf, dass seine Frau zu bestimmten Zeiten in all diese Rollen hineinwachsen kann und ihm nahe ist als die eine und ganze Person, die sie mit ihrer Geschichte und ihrer Entwicklung geworden ist!

Als ich diese These zum ersten Mal vor einer Gruppe von Frauen vortrug und damit meine Sehnsüchte gegenüber dem weiblichen Geschlecht offenbarte, wurde ich natürlich sofort mit dem Gegenbild und den Gegenwünschen konfrontiert: Dann müssten die Männer aber auch mindestens so attraktiv sein wie König David. Und der konnte bekanntlich viel: war Sänger und Krieger, König und Liebhaber, Vater und Weiser.

Es ist nun interessant zu sehen, wie feministische Exegese die Frauen beurteilt und schätzen lernt, die David auf seinem Lebensweg begegnet sind.

Da ist zunächst *Michal*, die Prinzessin, die Tochter des Königs Saul, eine Jugendliebe Davids, die er durch imponierende Heldentaten für sich zur Frau gewinnt. Sie schützt ihn vor den eifersüchtigen Nachstellungen ihres Vaters und ermöglicht seine unversehrte Flucht vom Königshof. Nach dem Tod ihres Vaters kehrt sie zu David zurück, der nun selber König geworden ist. Aber sie lacht ihn aus, als er, außer sich vor Freude, vor der Bundeslade hertanzt, die auf seinen Wunsch nach Jerusalem gebracht wird. Prinzessinnen teilen nicht gern die ihnen entgegengebrachte Aufmerksamkeit, schon gar nicht mit einer „überweltlichen" Konkurrenz, gegen die sie nichts auszurichten vermögen. Und so bleibt diese an sich traumhafte Verbindung unfruchtbar und kinderlos (1. Samuel 18-19; 25; 2. Samuel 3; 6).

In *Abigail* (1. Samuel 25) begegnet David während seiner Zeit als Anführer einer Streifschar eine wirkliche Partnerin, die ihn vor seiner unbedachten Wut bewahrt. Mitten in das törichte Verhalten von Männern, die sich gegenseitig verhöhnen und provozieren, bringt sie ihre Klugheit und ausgleichende Art ein und verhindert so ein schreckliches Blutvergießen und Mord und Totschlag. Ihren Mann Nabal ärgert das entgegenkommende Verhalten seiner Frau so sehr, dass ihn vor Zorn der Schlag trifft und er nach einigen Tagen stirbt. David hat nicht vergessen, wer ihn vor schlimmer Blutschuld bewahrt und mitgeholfen hat, dass er seine Rache Gott überlassen konnte. Er schickt Boten zu Abigail und lässt sie fragen, ob sie seine Frau werden will. Sie will und wird seine Frau.

Als König von Juda bleibt David siebeneinhalb Jahre in Hebron und heiratet neben Abigail noch eine Reihe von anderen Frauen: Ahinoam von Jesreel, Maacha von Geschur, Haggith, Abital und Egla. Sie alle werden die *Mütter* seiner sechs Söhne, die ihm in Hebron geboren werden.

Als König über ganz Israel und Juda regiert David dreiunddreißig Jahre in Jerusalem und nimmt sich noch *weitere Frauen und Nebenfrauen*, mit denen er elf Söhne und zahlreiche Töchter bekommt. Keine der Frauen wird mehr mit Namen erwähnt – außer einer: *Bathseba*, seine Geliebte, die Frau des Hethiters Uria.

Die Bathseba-Geschichte (2. Samuel 11-12) wird gern als typische Männergeschichte abgetan: Ein König begehrt eine schöne Frau; sie wird unverhofft schwanger; der König versucht, sich geschickt aus der Affäre zu ziehen; es gelingt ihm nicht wie geplant; da schickt er den rechtmäßigen Ehemann in den Tod und nimmt die verwitwete Frau zu sich.

Bei näherem Hinsehen wird deutlich, welchen Preis David für seinen Liebeshunger zahlt. Der Prophet Nathan hält ihm seine Blutschuld vor und kündigt ihm als Folgen seiner unheilvollen Tat an: Das Kind dieser heimlichen Verbindung wird sterben; Kriege und Aufstände werden unablässig das Königshaus erschüttern; und sein eigener Sohn Absalom wird eines Tages dem Vater mit der Königswürde auch seine vielen Frauen rauben und seine Ehre vor aller Welt mit Füßen treten.

Spannend wird die ganze Geschichte aber erst, wenn sie aus der Sicht der Frau erzählt und verstanden wird: Bathseba fühlt sich vernachlässigt von ihrem Gatten, der ein hoffnungsloser Soldat geworden ist und seine Männer und seine Heldentaten mehr liebt als sie; es gelingt ihr, die Aufmerksamkeit des Königs auf sich zu ziehen, sie wird eingeladen und geht zu ihm; eine einzige Begegnung mit diesem königlichen Mann genügt, dass sie schwanger wird; und sie trägt daran nicht allein, sondern bezieht den König mit ein; sie trauert mit ihm um das Kind der ersten Liebe und schenkt ihm den Sohn, der einmal sein Nachfolger werden soll: Salomo; beherzt mischt sie sich ein, als es kurz vor Davids Tod zu Thronstreitigkeiten unter den Söhnen kommt (1. Könige 1-2), und findet den Propheten Nathan an ihrer Seite.

Torgny Lindgren, der schwedische Erzähler, hat ihr einen seiner großen Romane gewidmet: Bathseba, mit dreizehn Jahren vom Vater an einen ungeliebten Mann gegeben, gewinnt das Gefallen des Königs. Staunend nimmt sie anfangs ihre neue Rolle wahr, um dann mehr und mehr zu begreifen, wer sie als Frau ist. Sie zweifelt daran, dass Gott nur in den Männern ist. Sie durchschaut Davids Übertreibungen. Sie nimmt an wichtigen Konferenzen teil und schaltet lästige Konkurrentinnen aus. Sie entwickelt sich zur selbstbewussten und modernen Frau und lässt sich am Ende die Macht nicht nehmen. Ihr Sohn ist und bleibt der Nachfolger des Königs, und sie hat den Propheten Nathan dabei an ihrer Seite. Als David im Sterben liegt und flüsternd fragt: „Wie ist der Herr?“, antwortet sie ohne Zögern aus ihrer sicheren Wärme heraus: „Er ist wie ich. Er ist genau wie ich.“

Die Geschichte mit Bathseba hat David verwandelt. Er, der vorher immer ein Draufgänger gewesen war und nie Schuld hatte an all den menschlichen und politischen Katastrophen um ihn herum, wird auf einmal ein nachdenklicher und zurückhaltender Mann. Er trumpft nicht mehr auf in den kommenden Auseinandersetzungen seines Lebens. Er weicht eher zurück, er versteht und verzeiht, er wird einfühlsam und weise.

Einen der schönsten Psalmen der Bibel verdanken wir dieser dramatischen Geschichte zwischen einem königlichen Mann und einer ebenso königlichen Frau, die sich bis auf den heutigen Tag in vielen Variationen auf unterschiedlichen Ebenen wiederholt:

Schaffe in mir, Gott, ein reines Herz,
und gib mir einen neuen, beständigen Geist.
Verwirf mich nicht von deinem Angesicht,
und nimm deinen heiligen Geist nicht von mir.
Erfreue mich wieder mit deiner Hilfe,
und mit einem willigen Geist rüste mich aus
(Psalm 51,12-14).

Christa Spilling-Nöker schrieb über Bathseba folgenden Text:

Du hast mich begehrt, David,
Du über alles verehrter
und innig geliebter Mann,
und ich bin deinem Rufen
vielleicht allzu gern gefolgt.
Ich konnte mich nicht widersetzen
und hab es ernstlich wohl

auch nicht gewollt;
die Skrupel, meinen Mann zu betrügen,
die Ehe zu brechen, wie man es nennt,
diese Skrupel hielten nicht lange vor,
und das Verlangen,
in deinen Armen zu liegen,
hat mich durchdrungen
durch und durch.
Unrecht ist es gewesen
vor den Geboten Gottes,
meinen Mann habe ich verraten,
den pflichtgetreuen Soldaten –
und doch –
in deinen Armen gelegen
und deine Liebe gespürt zu haben,
hat mich unendlich
glücklich gemacht.
Ich habe empfangen von dir,
darf Mutter werden
vom König
meines Herzens:
Ein Schauer tiefen Glücks
durchströmt mich
– und doch überschattet mich auch
die Angst:
Was wird mein Mann dazu sagen,
was wird geschehen,
wenn alles herauskommt?
Werden sie mich steinigen,
die Gerechten,
die Scheinheiligen,
die selbst ein Leben führen
in Lug und Trug,
die aber die Sünden der anderen

dazu benutzen,
um die eigenen Verfehlungen
zu vertuschen.
Ist es nicht auch der Neid
der anderen Frauen,
dass ich in deinen Armen liegen darf
und nicht sie,
die dich auch begehrten?
Und dann – Urias Tod
– der pflichtversessene Soldat,
der, wie's Soldatenpflicht entspricht,
nicht zu mir kam des Nachts,
als er auf Heimaturlaub war,
korrekt, untadelig, nie,
nie habe ich ihn schwach gesehn,
nie so versuchbar, wie ich mich
so oft erlebt.
Jetzt bin ich dein,
du über alles inniglich
geliebter Mann!
Jetzt bin ich dein,
doch kaum bin ich dir angetraut,
da stirbt das Kind.
Ist's Strafe für die Schuld,
kann so ein unschuldig Kind
die Strafe für die Eltern tragen müssen?
Ist es ein Zeichen dafür,
dass unsere Liebe
in der Weise, wie wir sie lebten
mit Betrug und Tod
nicht lebensfähig war,
dem Sterben ausgeliefert?
Ein zweites Kind hab ich empfangen,
ausgetragen,

ein zweiter Sohn, der
jetzt, wo unsere Liebe sich befestigt hat,
gesund geboren wurde,
den du gesegnet hast
vor Gott,
durch den auch unsere Liebe
jetzt gesegnet ist.

Kann, darf und muss einen das nicht begeistern als Mann an der Feministischen Theologie? Ich gestehe: Ich bin begeistert von solchen Texten und von solchen Lernerfahrungen.[16]

[16] Nachzutragen bliebe an dieser Stelle noch *Abisag von Sunem*, die König David als „Wärme im Alter" beigegeben wurde (1. Kön. 1,1-4), woraus sich in der Patriarchatsgeschichte der „Sunamitismus" entwickelte. Torgny Lindgren überlässt in seinem Roman am Ende diese Aufgabe auch Bathseba.

Jesus
oder das mühsame Lernen
des Mannes

In ihrem Lied „Zusammenleben" singt die Italienerin Milva: „Wer wird als Frau denn schon geboren, man wird zur Frau doch erst gemacht." Ich möchte diese Liedzeile abwandeln auf das Werden und Wachsen der Männer: „Wer wird als Mann denn schon geboren, man wird zum Mann doch erst gemacht." Erfahrungen der Liebe und der Entbehrung, der Konkurrenz und der Auseinandersetzung mit den verschiedenen Einflüssen und Begegnungen formen den Menschen. Die Schicksalsfrage der Männer ist es, ob es ihnen gelingt, ihren Schatten und ihre Anima zu integrieren, mit dem Weiblichen in sich liebevoll und annehmend umzugehen.

Hanna Wolff hat in ihrem Buch „Jesus der Mann" beschrieben, wie sich die Anima-Integriertheit dieses Mannes ausgewirkt hat auf seinen Umgang mit den Menschen. Bei ihr hat es freilich den Anschein, als sei Jesus dieses kostbare Geschenk der Anima-Integriertheit sozusagen in die Krippe gelegt worden. Dabei steckt ein mühsamer Wandlungsprozess dahinter, den auch Jesus durchzumachen hatte, ehe er auf eine vorbildliche Weise seine weiblichen Seiten leben und ausdrücken konnte.

Christa Mulack hat es in ihrem Buch „Die Weiblichkeit Gottes" (1983 erschienen im Kreuz-Verlag, Stuttgart) unternommen, ein ganzes Kapitel diesem „Weg des Weiblichen ans Licht des Bewusstseins Jesu" zu widmen. Sie nennt ihre Überlegungen und Einsichten „meditative Interpretationen", die es ihr ermöglichen, die christliche Botschaft neu und also feministisch und das heißt aus einem ganzheitlichen Lebensgefühl heraus zu deuten.

Sie folgt dabei einem Vorschlag von Elisabeth Moltmann-Wendel, die einmal geschrieben hat: „Wir wollen unsere Phantasie wieder für die Theologie entdecken. Theophantasie ist in einer frauenfremden Theologie und Kirche notwendig, um das Evangelium von der Befreiung wieder lebendig zu machen. Mit solcher Phantasie kann abstrakt und frauenfremd gewordene Theologie wieder zu dem werden, was sie mal war, und den ganzen Menschen berühren. Solche Phantasie ist die Kraft des Heiligen Geistes, die Erstarrtes wieder lebendig macht."[17]

---

[17] Elisabeth Moltmann-Wendel, Ein eigener Mensch werden. Frauen um Jesus, Gütersloh: Gütersloher 1980, S. 17.

Dazu müssen biblische Aussagen von den Frauen selbst freigeschaufelt werden aus dem Ballast patriarchalischer Missverständnisse. Christa Mulack schreibt: „Dabei wollen wir sie vorsichtig auf ihren Gehalt, auf ihre Aussage für *uns* abklopfen, ohne uns bei dieser Arbeit dem Zwang der ‚historischen Frage' zu unterstellen, hat doch auch der konventionellen Theologie die historisch-kritische Exegese nicht das gebracht, was sie sich von ihr erhofft hatte: mehr *Sicherheit*. Ich hingegen gehe davon aus, dass diese Sicherheit nicht in äußeren Kriterien zu suchen ist, sondern nur in uns selbst gefunden werden kann."[18]

Das heißt für Christa Mulack und andere feministische Theologinnen, die ihr auf diesem methodischen Weg gefolgt sind, nun nicht, dass theologische Forschungsergebnisse auf keinen Fall berücksichtigt werden sollen. „Sie dürfen nur nicht das eigene Nachdenken verhindern, Entscheidungen über die Bedeutsamkeit eines Textes abnehmen. Sie müssen bleiben, was sie sind: ein Teil des Gesamtinstrumentariums, das es einzusetzen gilt in jenem Orchester, zu dem auch die Phantasie, die Intuition, die Einfühlung genauso gehören wie psychologische Erkenntnisse."[19]

Es ist überaus spannend, in Christa Mulacks Buch nachzulesen, zu welchen Einsichten über das „Lernen Jesu" sie in zwölf Abschnitten kommt:

(1) Die vorgeburtlichen Ereignisse
(2) Die Geburt Jesu
(3) Die Versuchung Jesu
(4) Die Hochzeit zu Kana
(5) Die Tempelaustreibung
(6) Jesus und die kanaanäische Frau
(7) Jesus und die Samariterin
(8) Jesus und die Ehebrecherin
(9) Jesus und die geistige Frau

---

[18] Christa Mulack, Die Weiblichkeit Gottes. Matriarchale Voraussetzungen des Gottesbildes, Stuttgart: Kreuz 1983, S. 265 f.
[19] A.a.O., S. 266.

(10) Jesu Salbung durch die Frau
(11) Der Leidensweg Jesu und der Frau
(12) Der Auferstandene und die Frau

Christa Mulack fällt dabei auf, dass dieses „Lernen Jesu" auch Folgen für sein Gottesbild hat: „Betrachtet man das Vaterbild, das Jesus von Gott malt, etwas genauer, so wird sehr schnell deutlich, dass sich dieser Vater so ganz und gar nicht männlich zeigt, sondern vielmehr die Eigenschaften der weiblichen Rechten des Sefiroth-Baumes aufweist. Der Vater Jesu erinnert in seinem ganzem Verhalten auffallend an die Große Mutter: Er lässt seine Sonne aufgehen über Böse und Gute und lässt regnen über Gerechte und Ungerechte (Mt 5,45).

So wie eine Mutter das Kranke und Schwache besonders liebt entgegen den Gepflogenheiten des Vaters, den Sohn am meisten zu lieben, der seinen Forderungen am besten nachkommt, liebt der Gott Jesu das Verlorene in besonderer Weise, so dass er um seinetwillen die 99 Schafe im Stich lässt, um es zu suchen (Mt 18, 12-14).

In gleicher Weise beschreibt er das typisch weibliche Verhalten jenes Vaters, der in großer Empfangsbereitschaft und überwältigt von seiner Freude über die Rückkehr des heruntergekommenen, verloren geglaubten Sohnes diesem entgegenläuft und ihn in seine Arme schließt – ohne ein Wort der Vorhaltung (Lk 15, 11-32).

Aus vielen Perspektiven beschreibt Jesus diesen *schenkenden* Gott, der auf die Bedürfnisse der Menschen eingeht, und stellt ihn dem *fordernden* Gott seiner Zeit gegenüber, der sich eindeutig an männlichen Werten orientiert. Der Gott Jesu hingegen ist wirklich der ganz Andere und kann daher auch im Bild der Frau beschrieben werden, die sich über den verlorenen Groschen freut (Lk 15, 8-10)."[20]

Auch ein Mann hat einen ähnlichen Versuch, Jesus in seinem Werden und Wachsen zu verstehen, vorgelegt, nämlich Wilhelm Bruners mit seinem Buch „Wie Jesus glauben lernte" (1988 erschienen im Christophorus-Verlag, Frei-

[20] A.a.O., S. 332.

burg im Breisgau). Im Rückgriff auf Szenen und Aussagen des Neuen Testaments kommt in diesem Buch eine weithin vergessene Botschaft zu Wort, die Jesus hineinholt in menschliches Glauben- und Leben-lernen. Da ist nicht mehr nur Christus, der Herr; da ist auch Jesus, der Bruder; der Mensch, der in die jüdische Glaubens- und Lebensschule geht: als Schüler seiner jüdischen Eltern, als Schüler des Tempels und der Tora, als Schüler eines vor Gott im unbedingten Vertrauen gelebten Lebens. „So hat er, obwohl er Gottes Sohn war, doch an dem, was er litt, Gehorsam gelernt“ (Hebräer 5,8). Und auch bei Bruners wird angedeutet, dass dieses Lernen Jesu Folgen für sein Gottesverständnis hat. Die Kapitel in seinem Buch heißen:

(1) Wo Jesus seinen ersten Religionsunterricht bekommt und wie er seine Lehrer verblüfft
(2) Was Jesus bei Johannes lernt und warum er ihn irritiert
(3) Woher Jesus sein Vertrauen nimmt und wie er die Wüste besteht
(4) Wie Jesus Streit mit seinen Verwandten bekommt und warum er in Nazaret keine Wunder tun kann
(5) Wie Jesus mit seinen Kräften umgeht und was er durch eine Frau lernt
(6) Wie Jesus enttäuscht wird und warum er in Jerusalem anders spricht als in Galiläa
(7) Worauf Jesus am Ende vertraut und was Gott durch Jesus lernt
(8) Was das alles für unseren Glauben bedeutet und wie das Lernen nie aufhört

Wilhelms Bruners schreibt eindrucksvoll am Ende seines Buches:

„Nicht religiöses Formelwissen kann dem gelähmten Glauben aufhelfen, sondern die erzählende Weitergabe an das kommende Geschlecht, damit das Vertrauen zu Gott und seinem ‚Lieblingsschüler‘ [Jesus] neu wachsen kann. In seinen Erzählungen, Gleichnissen, auch in seiner Passionsgeschichte, können sich Menschen mit ihrem eigenen Leben besser verstehen und wiederfinden und vor einer allzu naiven Lebens- und Glaubenssicht bewahren.

Im Nacherzählen und Nachhören seines Lebens können Menschen entdecken, dass Glauben ein lebendiger Weg ist, ein Lernprozess, ein Wachstumsprozess. Sie können Mut bekommen, der eigenen Gestalt des Glaubens nachzuspüren, so wie Jesus sich die Freiheit nahm, seinen Glauben zu entwickeln. Im Spiegel seines Weges können sie sehen, wie eines Tages die Auseinandersetzung mit der von den Müttern und Vätern überlieferten Form des Glaubens geschehen muss – nur ein unterentwickelter Glaube bleibt ‚zu Hause'! Das gleiche gilt auch für die Auseinandersetzung mit den Lehrerinnen und Lehrern, die unseren Weg begleitet haben.

Zum Glaubensweg gehören Krisen dazu – auch bei IHM. Das kann uns die Angst vor den Krisen nehmen. Sie sind nicht die befürchtete Katastrophe, sie zeigen vielmehr, dass Neues geboren werden soll.

Das hat mit Verwundbarkeit und Schmerzen zu tun. Das hat auch mit Ringen zu tun: mit Menschen und mit Gott. Wer mit Gott ringt – eine lange Nacht –, der wird am Ende gesegnet. Das setzt voraus, dass wir uns den Gotteskampf zutrauen.

Die Bibel und die Menschen, die hinter ihr stehen mit ihrem eigenen Weg, wollen dazu ermutigen. Sie wollen die Angst vor Gott nehmen, damit der Glaube und die Liebe wachsen können – und die Hoffnung, bis zum letzten. Weil er keine Angst vor Gott hatte, deshalb wurde Jesu Glaubensweg ein schöpferischer Weg. Auf ihm entdeckte er immer neue Seiten an Gott und hielt die unverständlichen (schreiend) aus. In der Liebe hielt er das aus. Um diese Liebe geht es. Sie hört nie auf.

Weil das Geheimnis Gottes unerschöpflich ist, hört auch das Lernen nie auf. Aber wenn wir das Schweigen Gottes im Tod ausgehalten haben, diese kritischste Lektion, werden die Tränen aufhören, und wir werden Gott und einander eine Ewigkeit lang kennen lernen."[21]

---

[21] Wilhelm Bruners, Wie Jesus glauben lernte, Freiburg im Breisgau: Christophorus-Verlag 1988, S. 125 f. Vgl. dazu: Wohlgschaft, Hermann, Die Sehnsucht des Menschen – eine Liebe, die nicht vergeht, Würzburg: Echter 2012.

Die Gottesfrage im eigenen Leben[22]

[22] Vgl. dazu: Wilfried Härle, Spurensuche. Theologie nach 1945 im Ringen um die Verborgenheit Gottes, in: ders., Spurensuche nach Gott. Studien zur Fundamentaltheologie und Gotteslehre, Berlin: de Gruyter 2008, S. 327-342; ders., Warum Gott? Für Menschen, die mehr wissen wollen, Leipzig: EVA ^{2}2014, S. 241 f.

Da sitzen wir nun zu dritt beisammen und unterhalten uns über die Trinität, meine beiden Kollegen und ich. Wir kennen uns seit Jahren und Jahrzehnten als Theologen und Freunde durch Studium, Vikariat, Gemeinde und Leitungsverantwortung in unserer Kirche. Nun sind wir alle drei pensioniert und möchten unsere beruflichen Erfahrungen und Einsichten im Gespräch miteinander vertiefen und neue Impulse aus Theologie und Literatur aufnehmen.

Wir müssen schmunzeln über eine kleine Geschichte von Tolstoi: Der Bischof von Archangelsk besuchte eines Tages drei fromme Einsiedler, um sich nach ihrem geistlichen Lebenswandel zu erkundigen. Er fragte sie: „Wie betet ihr denn zu Gott?" Darauf bekam er zur Antwort: „Wir beten so: Ihr seid drei, wir sind drei, Herr, sprich uns von Sünden frei."[23]

Mich erinnert das an einen kleinen Abschnitt aus Luthers Großem Katechismus (im zweiten Hauptstück im dritten Artikel[24]), wo es heißt: „Darum ist alles in der Christenheit dazu bestimmt, dass man da täglich durch Wort und Zeichen lauter Vergebung der Sünden hole, um unser Gewissen zu trösten und aufzurichten, solange wir hier leben. So macht es der Heilige Geist, dass, obgleich wir Sünde haben, sie uns doch nicht schaden kann. Denn wir leben in der Christenheit, in der lauter Vergebung der Sünden ist, in dem doppelten Sinn, dass uns Gott vergibt, und dass wir uns untereinander vergeben, tragen und aufhelfen."

In diesen Worten kommt der tiefere Sinn unserer Zusammenkünfte zum Ausdruck. Es geht ja nicht nur um theologische Interessen, sondern auch um seelsorgerlichen Beistand: vergeben, tragen und aufhelfen.

Zur Vorbereitung auf unsere Gespräche in Rendsburg, Büdelsdorf und Schleswig (später in Kogel) habe ich Texte über die Trinität zusammengestellt, die mir im Laufe meiner theologischen Entwicklung wichtig wurden – von meiner Gymnasialzeit angefangen über Studium und Vikariat, Pastoren- und Referententätigkeit bis hin zum Propstenamt und zur Zeit als Pensionär. Und so entdecke ich plötzlich, dass das Zusammengestellte meine theologische Bildungsgeschichte beschreibt – im beständigen Gespräch mit den Lehrerinnen und

---

[23] Zitiert bei Reinhard Körner: „Bleib nicht zurück am Ufer ..." Einladung zum Leben mit dem dreieinigen Gott, Leipzig: Benno 1998, S. 62 f.

[24] Lutherisches Kirchenamt (Hrsg.), Unser Glaube 747.

Lehrern auf meinem Lebensweg. Es ist mein ganz persönlicher Zugang zur Theologie, der sich daraus ablesen lässt. Mögen andere anderes gehört, gelesen, aufgenommen haben – mich haben die folgenden Impulse gelenkt und geleitet.

Schon während meiner Schulzeit am Alten Gymnasium in Flensburg lernte ich 1960 durch unseren damaligen Deutsch- und Religionslehrer Eberhard Cold[25] die zen-buddhistische Geschichte „Der Ochse und sein Hirte" kennen, die ich damals nur mühsam verstand. Sie begegnete mir wieder bei einer LWB-Arbeitsgruppentagung 1988 in Pullach zum Thema „Die Gott-Welt-Beziehungen in den Religionen", vorgetragen von Professor Eshin Nishimura aus Kyoto in Japan. Jetzt verstand ich auch ihre theologische Bedeutung: Westliche Theologie ringt und „kämpft" mit Gott; während östliche Mystik „locker" damit rechnet, dass das Göttliche neben uns geht, ja wir auf ihm sitzen. Weil sie ein so schönes Beispiel für die Verwandlung eines Trauernden in einen getrost Gebenden ist, nahm ich sie in mein Buch „Der eigenen Trauer begegnen" (Steinmann-Verlag 2011) auf.

In der Oberprima schrieb ich 1965 eine Jahresarbeit im Fach Latein bei meinem Lehrer Bernhard Meißner: „Die Philosophie und das Christentum aus der Sicht Augustins"[26]. Die intensive Beschäftigung mit dem Kirchenvater Augustinus legte einen tiefen Grund, der bedeutsam wurde für alle spätere theologische Entwicklung in meinem Leben. Ich verstand, wie wichtig Demut und Hingabe, ja Liebe zu Gott und dem Nächsten für die eigene Existenz sind.

1967 las ich während meines Wehrdienstes in Pinneberg und in Vorbereitung auf mein Theologiestudium das Buch von Heinz Zahrnt „Die Sache mit Gott. Die protestantische Theologie im 20. Jahrhundert". Auch hörte ich damals zwei seiner Vorlesungen an der Universität Hamburg, darunter „Die Reformation der Reformation – von der Rechtfertigung des Menschen zur Rechtfertigung Gottes". Es war mir eine große Freude, ihn an seinem 80. Geburtstag 1995 als Pastor im Schleswiger Dom begrüßen zu dürfen und mit ihm einen

---

[25] Vgl. dazu: Eberhard Cold, Wege der Wandlung. Religionswissenschaftliche Beiträge aus den Jahren 1947 - 1986, herausgegeben von Peter Godzik, Schleswig 2012 (unveröffentlichtes Manuskript).

[26] Im Internet zugänglich unter http://www.pkgodzik.de/fileadmin/user_upload/Geschichte_und_Politik/Philosophie_und_Christentum.pdf

Gang durch den Dom zu machen. Neben ihm in der Kirchenbank sitzend bat ich ihn um ein Autogramm in mein zerlesenes Exemplar seiner „Sache mit Gott“.

Fundamental und befreiend war für mich in meinem Theologiestudium seit 1968 die durch Werner H. Schmidt vermittelte Einsicht, dass auch Gott eine Geschichte hat, dass es eine „Geschichte des alttestamentlichen Gottesverständnisses“ gibt. Es geht nicht um die Offenbarung eines unverrückbaren Seins Gottes, sondern um einen mitgehenden, sich wandelnden oder doch Wandlung hervorrufenden Gott, der seine Allmacht verlässt und sich ohnmächtig als „Gottesknecht“ den Menschen gibt.[27] Solche Gedanken habe ich später bei Huub Oosterhuis und Jack Miles wieder gefunden.

In einer alttestamentlichen Proseminararbeit (beim Beyerlin-Assistenten Jörn Halbe) wagte ich mich 1969 an die „politische Bedeutung des Sinaibundes“ mit allerlei anarchistischen und revolutionären Gedanken. Es war eine aufregende Zeit in der Folge der 1968er Studentenbewegung. Das Buch von Erik H. Erikson über den jungen Mann Luther ermutigte uns damals, gegen väterliche Autoritäten aufzustehen. Es enthält im Nachwort die wichtige Unterscheidung zwischen drei religiösen Sehnsüchten der Menschen, die später in meinem theologischen Nachdenken immer wieder eine große Rolle spielten. Es könnte nämlich sein, dass Menschen, die auf je verschiedene Weise ihre ursprünglichen Trennungserfahrungen bearbeiten, sich gerade darin gegenseitig nicht verstehen, weil sie aus dem Blickwinkel des jeweils anderen Antworten auf Fragen erhalten, die sie gar nicht gestellt haben. Joachim Scharfenberg beschrieb dieses unterschiedliche religiöse Bewusstsein 1974 in einem kleinen Beitrag über den Narzissmus und wurde nicht müde, auf die norwegischen Brüder Harald und Kristian Schjelderup hinzuweisen, die schon 1932 auf drei Haupttypen der religiösen Erlebnisform und ihre psychoanalytische Grundlage hingewiesen hatten.

1971 besuchte ich von Hamburg aus (mit Peter Cornehl) das Politische Nachtgebet von Dorothee Sölle und Fulbert Steffensky in Köln. Es war die Zeit des Kalten Krieges, des (heißen) Vietnamkrieges und der Außerparlamentari-

---

[27] Als Christen vertreten wir ein umgekehrtes Islam-Konzept: Nicht *wir* geben uns Gott hin, sondern *Gott* gibt sich uns hin!

schen Opposition. Dorothee Sölles Bücher und Gedichtbände, darunter auch „Atheistisch an Gott glauben", das von Blochs „Atheismus im Christentum" beeinflusst war, wurden prägend für eine ganze Generation von Theologinnen und Theologen. Als sie 2003 starb und Bärbel Wartenberg-Potter die Trauerrede halten sollte, fragte sie zuvor uns, ihre Pröpstin und ihre Pröpste, welche Bedeutung Dorothee Sölle für unsere theologische Existenz hatte. Ihr Einfluss war bei fast allen erstaunlich groß![28]

Während meines Auslandsvikariats in Bogotá/Kolumbien begegnete ich dem lateinamerikanischen Kontext mit seiner Befreiungstheologie. Ingo Lembke besuchte uns damals, der gerade an seiner Dissertation arbeitete: „Christentum unter den Bedingungen Lateinamerikas. Die katholische Kirche vor den Problemen der Abhängigkeit und Unterentwicklung". Auch mich beschäftigten diese Themen. Gemeindeabende und Unterrichtsstunden zu „Marxismus und Christentum" und „Camilo Torres" wurden nicht nur freundlich aufgenommen. Die Bestürzung Heinz Zahrnts erinnernd, „wie man der Gemeinde die Erkenntnisse der Theologie vorenthalten, ja sie ihr bewusst verschwiegen hat"[29], bemühte ich mich darum, der Gemeinde die Erkenntnisse der modernen Theologie nahe zu bringen. So beschäftigten wir uns mit dem Augstein-Buch „Jesus Menschensohn". In der Gottesfrage war ich eher still geworden und las mit Gemeindegliedern Heinrich Bölls Kurzgeschichte „Doktor Murkes gesammeltes Schweigen".

Erst das weitere Vikariat in Kiel befreite mich aus der theologischen Isolation. Ich war dankbar für Kollegen und Gespräche und schrieb in meinen Bericht am Ende der Ausbildung:

„Erwähnen möchte ich noch, dass ich mich während des Vikariats theologisch vor allem mit der Gottesfrage beschäftigt habe. Angeregt durch den theologischen Essay von Trutz Rendtorff ‚Gott – ein Wort unserer Sprache?' (Theologische Existenz heute Nr. 171, München 1972) habe ich häufig Gespräche mit meinem Kollegen A. K. über die Prädikabilität des Wortes ‚Gott' geführt. Interessante Hinweise auf ein mystisches Gottesbewusstsein habe ich den Büchern ‚Die Kunst des Liebens' von Erich Fromm (deutsche Ausgabe Frank-

[28] Die Trauerrede ist im Internet zugänglich unter: http://www.ekd.de/predigten/2003/030505_wartenberg_potter.html

[29] Heinz Zahrnt, Die Sache mit Gott, München: Piper 1966, S.11.

furt/M. 1972) und ‚Leiden' von Dorothee Sölle (Stuttgart ^{2}1973) sowie dem Aufsatz ‚Religiöses Bewusstsein als Narzissmus?' von Joachim Scharfenberg (in: Scharfenberg/ Schütte/ Timm/ Gremmels, Religion: Selbstbewusstsein – Identität. Theologische Existenz heute Nr. 182, München 1974, S. 10-16) entnommen. Hier sehe ich Ansatzpunkte zu weiterer theologischer Arbeit."

Eine Reihe von Gemeindeabenden zum Römerbrief in der Osterkirchengemeinde Kiel bescherte mir 1975 die intensive Beschäftigung mit den Kapiteln 7 und 8 des Römerbriefs, die mich sehen lehrten, dass Paulus den Menschen unter Gesetz und Sünde ähnlich leiden sieht wie Freud das Ich des Menschen unter Es und Über-Ich. Fortan war für mich klar: Es geht um einen „erwachsenen" Glauben.

Die bis dahin gesammelten Erfahrungen und theologischen Entdeckungen gingen ein in einen 1979 als Gemeindepastor in Büdelsdorf gehaltenen Vortrag vor der Druiden-Loge in Rendsburg: „Was ich meine, wenn ich sage: Ich glaube an Gott". Das darin enthaltene lange Zitat von Huub Osterhuis machte deutlich, von wem ich sachlich und sprachlich am meisten gelernt hatte. Im selben Jahr entdeckte ich die „Buchstaben des Lebens" von Friedrich Weinreb. Sie brachten mir anschaulich vor Augen, dass Gott sich bei seiner Schöpfung zurücknehmen muss, damit überhaupt etwas in Erscheinung treten kann. Und bei einer der zahlreichen, von den Kirchentagen inspirierten Beatmessen in Büdelsdorf habe ich wohl zum ersten Mal das Lied von Diethard Zils gesungen: „Wir haben Gottes Spuren festgestellt".

Die Teilnahme am VELKD-Studienseminar 1983 in Pullach „Eva, Mirjam, Maria – Die Rolle der Frau in Kirche und Verkündigung" (mit den Referentinnen Marga Bührig, Luise Schottroff, Heidemarie Langer und Rut Rohrandt) ermutigte mich zu einer jahrelangen intensiven Beschäftigung mit der Feministischen Theologie (u.a. Christa Mulack, Der Weg des Weiblichen ans Licht des Bewusstseins Jesu), die 1994 auf Anregung der finnischen Pastorin Sisko Raitis in einen Vortrag in Turku mündete: „Was begeistert mich als Mann an der Feministischen Theologie?"

Das andere Thema, das mich jahrelang beschäftigte aufgrund der Geburt unserer behinderten Tochter Mirjam im Oktober 1975, war das Thema „Leiden" (Dorothee Sölle), „Schmerz Gottes" (Kazoh Kitamori) sowie „Krankheit und Heilung". 1985 führte das zu einem Aufsatz „Das Wunder, heil zu werden" in der Zeitschrift „Theorie und Praxis der Sozialpädagogik", deren Redaktion auf meine Seminare für Erzieherinnen im Kirchenkreis Rendsburg als Kindergartenbeauftragter aufmerksam geworden war. Auch in der eigenen Gemeinde führte ich (zusammen mit einem Kollegen) dazu ein bewegendes Seminar durch. Das Buch von Friedrich Weinreb „Vom Sinn des Erkrankens" (1986) brachte weitere wichtige Impulse.

Dann wurde ich in übergemeindliche Verantwortung gerufen: zunächst als Referent ins Lutherische Kirchenamt nach Hannover (1987-1993), dann – nach einem Intermezzo als Pastor in der Domgemeinde Schleswig (1993-1997) – als Propst des Kirchenkreises Herzogtum Lauenburg nach Ratzeburg (1998-2007) und als landeskirchlicher Beauftragter für die Hospizarbeit nach Rendsburg (2008-2011).

Beim Kongress „Geist & Natur" 1988 in Hannover hörte ich voller Begeisterung den Vortrag von Hans Jonas „Geist, Natur und Schöpfung. Kosmologischer Befund und kosmogonische Vermutung". Dort deutete er jenen Mythos von der „Selbstentäußerung des Schöpfergeistes im Anfang der Dinge" an, den er bereits 1984 in Tübingen vorgetragen hatte, der 1987 bei Suhrkamp in Frankfurt unter dem Titel „Der Gottesbegriff nach Auschwitz. Eine jüdische Stimme" veröffentlicht wurde und den ich erst 2014 für mich entdeckte. Dass der Kenosis-Gedanke nicht nur auf Christus zu beziehen ist, sondern auch für Gott als den Schöpfer der Welt gelten kann, hat mich nachhaltig beeindruckt und fasziniert.

Noch zwei wichtige Impulse fallen in die Hannover-Zeit: 1990 die Beschäftigung mit dem Aufsatz von Wilfried Härle „Die Rede von der Liebe und vom Zorn Gottes" in der „Zeitschrift für Theologie und Kirche" und Luthers Magnifikat-Auslegung von 1521, die mich veranlasste, 1992 zum „Jahr der Bibel" den Beitrag „Erfahrener Glaube" zu schreiben, in dem Marias Gottesbild und Gottes „Sehschule" für uns fehlsichtige Menschen zur Darstellung kommen.

In der Schleswig-Zeit freute ich mich 1993 über die praktische Handreichung von Hinrich C. G. Westphal „Katechismus für Suchende". 1996 las ich mit Interesse und Vergnügen das Buch von Jack Miles „Gott. Eine Biographie". Es knüpft in literarisch überzeugender Weise an das an, was ich bei Werner H. Schmidt gelernt und verstanden hatte. Eher erschreckend und herausfordernd war für mich die Lektüre des von M. Brocke und H. Jochum herausgegebenen

Buches „Wolkensäule und Feuerschein. Jüdische Theologie des Holocaust“ (Gütersloh 1993). Zu neuem Nachdenken über die Theodizee-Frage regte mich die Lektüre von Klaus Berger „Wie kann Gott Leid und Katastrophen zulassen?“ (Stuttgart 1996) an mit dem Spitzensatz: „Gott hat das Lebensfeindliche und Lieblose (das Böse) nicht gemacht, sondern findet es vor.“ Berger lehnt den Gedanken einer *creatio ex nihilo*, die auch das Böse und das Leid umfasst, ab und kommt damit der Prozesstheologie sehr nahe, die von einer *creatio ex profundis* (Catherine Keller) spricht.

Interessant ist, dass eine der ersten Einladungen in einen gemeindlichen Gesprächskreis mich als Propst 1998 in die Nicolai-Kirchengemeinde Mölln führte zum Thema „Trinitarischer Glaube der Christen“. Ich nahm neben den lutherischen Bekenntnisschriften eine Replik der Rubljow-Ikone vom Besuch der drei Männer im Hain zu Mamre mit, um zu erläutern, dass Gott schon in sich selbst Gespräch und Kommunikation ist.

Die Herausforderung als Propst, unterschiedliche Frömmigkeitsstile in den Gemeinden zu akzeptieren und gegenseitig ins Gespräch zu bringen, ließen mich bald nach seinem Erscheinen 1999 das kleine Büchlein von Christian A. Schwarz entdecken „Die dreifache Kunst, Gott zu erleben“. Die farbigen Tafeln machen deutlich, wie sehr wir in der Mitte zusammengehören, uns berühren an den Kontaktflächen der Segmente und aus dem Zusammenhang herauszufallen drohen, wenn wir unsere jeweiligen Standpunkte überspitzen und Grenzen überschreiten.

Auch der Beitrag von Siegfried Zimmer „Trinitarisches Denken“ in einer Handreichung der Arbeitsgemeinschaft Missionarischer Dienste 1999 war unter praktischen Gesichtspunkten sehr lehrreich und deutete eine politische Dimension der Trinität an, die in der Folgezeit noch eine Rolle spielen sollte.

Schon während meiner Schleswiger Zeit hatte ich mich im Rahmen eines Gesprächskreises mit Fragen der Offenbarung des Johannes beschäftigt. Jetzt lud ich in Ratzeburg im Jahr 2000 zu einem Lese- und Gesprächsseminar über das Buch von Emil Bock ein: „Apokalypse. Betrachtungen über die Offenbarung des Johannes“.

Es wurde ein „Meisterkurs“ in Sachen christlicher Glaube, denn Emil Bock kennzeichnet die Offenbarung des Johannes so: „Recht verstanden ist die

Apokalypse die heilige Schrift eines fortgeschrittenen Christentums." Emil Bock beruft sich im Kapitel „Damaskus" und „Patmos" auf die Apostel Paulus und Johannes, die in ihren Visionen das Wiederkommen Christi vorwegnehmen. Von der Identität des neuen Menschen, der Anteil hat an Christus, spricht auch Klaus Berger in seinem 1999 erschienenen Buch „Ist mit dem Tod alles aus?". Der leibliche Tod wird relativiert, weil der „inwendige Mensch" bereits hineinwächst in das ewige Leben.

Das Lese- und Gesprächsseminar im darauffolgenden Jahr 2001 zu Wilhelm Bruners' „Wie Jesus glauben lernte" knüpfte in gewisser Weise an einen Gedanken von Christa Mulack an: Jesus ist nicht fertig auf die Welt gekommen, sondern hat gelernt von seinen Eltern, seinen Lehrern, seiner Umgebung – durchaus mühsam manchmal – wie wir auch.

Eine völlig neue Welt ging mir auf durch die Beschäftigung mit dem theologisch-ikonographischen Programm der ottonischen Reichskrone, basierend auf der bereits 1976 erschienen Habilitationsschrift von Reinhart Staats, den ich 1999 zu diesem Thema im Augustinum in Mölln vortragen hörte und als dessen „Fan" ich mich outete.

Jahrelang habe ich mich, angeregt durch einen Besuch in der St. Michaeliskirche in Hildesheim, ermuntert von Erhard Domay, seit meiner Hannover-Zeit mit den Ottonen beschäftigt, mit Kaiserin Theophanu, mit Bernward von Hildesheim, mit Brun von Köln. Dabei entdeckte ich auch die Überlegungen zur politischen Bedeutung der Trinität bei Ricarda Huch in ihrem Buch „Stein. Der Erwecker des Reichsgedankens".

2003 lud mich Carl-Eduard von Bismarck, damals noch Mitglied des Bundestages mit Wohnsitz in Friedrichsruh, zu einem Beitrag in einem vom ihm geplanten Buch ein: „Wertmaßstäbe einer christlich orientierten Politik"[30]. Leider ist dieses Buch nie erschienen!

---

[30] Im Internet zugänglich unter http://www.pkgodzik.de/fileadim/user_upload/Geschichte_und_Politik/Werte_einer_christlich_orientierten_Politik.pdf

Am 3. Juni 2007 druckten die Lauenburger Nachrichten mein Wort zum Sonntag „Spuren in der Bibel: Vestigia Trinitatis“[31], einen kleinen Text, in dem das Wichtigste über den „mitgehenden Gott“ gesagt ist. Dem steht der ausführliche Vortrag über die neue Gottesvorstellung in Ernst Barlachs Dramen zur Seite, den ich im September 2009 unter der Überschrift „Vom werdenden Gott“ beim Barlach-Symposium im Remter des Magdeburger Domes gehalten habe.[32] Darin stütze ich mich auf die fulminante Deutung des Barlach-Dramas „Die Sündflut“ von Horst Wagner. Im Zusammenhang mit dem Lesen der Barlach-Dramen in den Jahren 2005 bis 2008 entdeckte ich die Barlach prägende Schrift „Siderische Geburt“ von Erich Gutkind alias Volker, die bedeutsame Einsichten über die Hingabe Gottes an die Menschen und die Hingabe der Menschen an Gott enthält.

Der Rest ist schnell erzählt. Nach meinem Weggang aus Ratzeburg war ich noch eine Zeitlang als nordelbischer Beauftragter für die Hospizarbeit tätig, ehe ich 2011 in den Ruhestand ging. Eine Reihe von Büchern zum Thema „Sterbende und Trauernde begleiten“ sowie „Hospizarbeit und Hoffnung über den Tod hinaus“ erschien beim Steinmann-Verlag in Rosengarten bei Hamburg. Hin und wieder las ich ein Buch, in dem auch die Gottesfrage vorkam. Am eindrucksvollsten „Der Klang. Vom unerhörten Sinn des Lebens“ von Martin Schleske und „Interview mit dem Teufel. Ein Theaterstück in zwei Akten“ von Jens Böttcher (der mich 2014 bei Bibel TV zu meinen Trauerbüchern interviewte). Wie eine Zusammenfassung meiner Gedanken über das „Werden Gottes“ habe ich das Buch von Marion Küstenmacher, Tilmann Haberer und Werner Tiki Küstenmacher „Gott 9.0 – Wohin unsere Gesellschaft spirituell wachsen wird“ empfunden, das 2010 erschien.

Im Jahr 2014 begannen unsere Gespräche zu dritt über die Trinität und über die Prozesstheologie. Manch versäumte Lektüre musste nachgeholt werden:

- Eberhard Jüngel, Gottes Sein ist im Werden, 1965

[31] Unter dem Titel „Spuren in der Bibel“ abgedruckt in: Peter Godzik (Hg.), Lavendelduft und Sommerwind. Ausgewählte Beiträge der Reihe „Wort zum Sonntag“ in den „Lübecker Nachrichten - Lauenburger Nachrichten“, Rosengarten b. Hamburg: Steinmann 2007, S. 59 f.

[32] Im Internet zugänglich unter http://www.pkgodzik.de/fileadmin/user_upload/Barlach-Dramen/Barlach-Vortrag_Magdeburg.pdf

- Hans Jonas, Der Gottesbegriff nach Auschwitz, 1987
- Christoph Schwöbel, Gott in Beziehung, 2002
- Klaus Berger, Ist Gott Person? 2004
- Gisbert Greshake, Der dreieine Gott, 2007
- Leonardo Boff, Kleine Trinitätslehre, 2007
- Wilfried Härle, Spurensuche nach Gott, 2008
- Wilfried Härle, Warum Gott? 2013

Zur Prozesstheologie lasen wir Catherine Keller „Über das Geheimnis“ und Roland Faber „Gott als Poet der Welt. Anliegen und Perspektiven der Prozesstheologie“. Mit Interesse nahmen wir zur Kenntnis, dass auch für Papst Franziskus in seiner Umweltenzyklika *Laudato si'* klar ist, „dass die gesamte Wirklichkeit in ihrem Innern eine eigentlich trinitarische Prägung besitzt“.

Mögen nun meine und unsere im Internet zugänglichen Lesefrüchte[33] (zu denen auch meditative Texte und Sonette von Sigo Lehming gehören) Neugier wecken und Frucht bringen für kommende Generationen von Theologinnen und Theologen.

Sterley OT Kogel, im Januar 2018 Peter Godzik

[33] http://www.pkgodzik.de/fileadmin/user_upload/Buchprojekt/Von_Gott.pdf

Literatur

„... das Weib rede in der Gemeinde". Maria Jepsen: Erste lutherische Bischöfin. Dokumente und Stellungnahmen, Gütersloh: Gerd Mohn 1992.

Augstein, Rudolf, Jesus Menschensohn, München: Bertelsmann 1972.

Barz, Helmut, Männersache. Kritischer Beifall für den Feminismus, Stuttgart: Kreuz 1984.

Berger, Klaus, Die Bibelfälscher. Wie wir um die Wahrheit betrogen werden, München: Pattloch 2013.

Berger, Klaus, Ist Gott Person? Ein Weg zum Verstehen des christlichen Gottesbildes, Gütersloh: Gütersloher 2004.

Berger, Klaus, Ist mit dem Tod alles aus? (1999); jetzt: ders., Was kommt nach dem Tod? Heimbach: Bernardus ^{2}2014.

Berger, Klaus, Wie kann Gott Leid und Katastrophen zulassen? Stuttgart: Quell 1996.

Bezzenberger, Georg/ Erk, Wolfgang (Hrsg.), Gott im anderen. Ein diakonisches Lesebuch, Stuttgart: Steinkopf 1973.

Bloch, Ernst, Atheismus im Christentum. Zur Religion des Exodus und des Reichs, Berlin: Suhrkamp 1968.

Bock, Emil, Apokalypse. Betrachtungen über die Offenbarung des Johannes (1982), Stuttgart: Urachhaus ^{5}1997.

Boff, Leonardo, Kleine Trinitätslehre, Düsseldorf: Patmos 2007.

Böll, Heinrich, Doktor Murkes gesammeltes Schweigen und andere Satiren, 1958.

Böttcher, Jens, Interview mit dem Teufel. Ein Theaterstück in zwei Akten, Moers: Brendow 2011.

Brocke, Michael/ Jochum, Herbert (Hrsg.), Wolkensäule und Feuerschein. Jüdische Theologie des Holocaust, Gütersloh: Chr. Kaiser 1993.

Bruners, Wilhelm, Wie Jesus glauben lernte, Freiburg im Breisgau: Christophorus-Verlag 1988.

Bührig, Marga, Spät habe ich gelernt, gerne Frau zu sein. Eine feministische Autobiographie, Stuttgart: Kreuz 1987.

Dethlefsen, Thorwald/ Dahlke, Rüdiger, Krankheit als Weg. Deutung und Bedeutung der Krankheitsbilder, München: C. Bertelsmann 1983.

Erikson, Erik H., Der junge Mann Luther. Eine psychoanalytische und historische Studie, München: Szczesny 1958.

Faber, Roland, Gott als Poet der Welt. Anliegen und Perspektiven der Prozesstheologie, Darmstadt: Wissenschaftliche Buchgesellschaft 2003.

Franziskus, Papst, Enzyklika Laudato si'. Über die Sorge für das gemeinsame Haus, Rom: Vatikan 2015.

Fromm, Erich, Die Kunst des Liebens (1956), Frankfurt/M.: Ullstein 1972.

Gerber, Uwe, Die feministische Eroberung der Theologie, München: Beck 1987.

Gilligan, Carol, Die andere Stimme. Lebenskonflikte und Moral der Frau, München 1984.

Godzik, Peter, „Außerhalb nur leeres Geschwätz". Luthers Magnifikatauslegung von 1521, in: Lutherische Monatshefte 34 (1995) 8-41.

Godzik, Peter, Das Wunder, heil zu werden. Biblische Anregungen für die „Gesundheitserziehung", in: Theorie und Praxis der Sozialpädagogik 93 (1985) 58-62.

Godzik, Peter, Der mitwachsende Gott, in: ders., Leuchten wie des Himmels Glanz. Lebenszeichen aus dem Lauenburger Land. Ausgewählte Predigten, Rosengarten b. Hamburg: Steinmann 2008, S. 98-104.

Gössmann, Elisabeth/ Moltmann-Wendel, Elisabeth/ Pissarek-Hudelist, Herlinde/ Praetorius, Ina/ Schottroff, Luise/ Schüngel-Straumann, Helen (Hrsg.), Wörterbuch der Feministischen Theologie, Gütersloh: Gerd Mohn 1991.

Greshake, Gisbert, Der dreieine Gott. Eine trinitarische Theologie, Freiburg: Herder 2007.

Gutkind, Erich, Siderische Geburt. Seraphische Wanderung vom Tode der Welt zur Taufe der Tat, Berlin: Schuster & Loeffler 1914.

Härle, Wilfried, Die Rede von der Liebe und vom Zorn Gottes, in: Zeitschrift für Theologie und Kirche, Beiheft 8: Die Heilsbedeutung des Kreuzes für Glaube und Hoffnung der Christen, Tübingen: J. C. B. Mohr 1990, S. 50-69.

Härle, Wilfried, Spurensuche nach Gott. Studien zur Fundamentaltheologie und Gotteslehre, Berlin: de Gruyter 2008.

Härle, Wilfried, Warum Gott? Für Menschen, die mehr wissen wollen (Theologie für die Gemeinde, Bd. 1), Leipzig: EVA 2013, ^{2}2014.

Huch, Ricarda, Stein. Der Erwecker des Reichsgedankens (1925), Berlin: Atlantis ^{3}1932.

Jepsen, Maria, Neuheidentum – oder Zugang zum biblischen Glauben, in: Nordelbische Stimmen 4/85, S. 82-87.

Jonas, Hans, Der Gottesbegriff nach Auschwitz. Eine jüdische Stimme, Frankfurt/M.: Suhrkamp 1987, ^{14}2013.

Jonas, Hans, Geist, Natur und Schöpfung. Kosmologischer Befund und kosmogonische Vermutung, in: Hans-Peter Dürr/ Walther Ch. Zimmerli (Hrsg.), Geist und Natur. Über den Widerspruch zwischen naturwissenschaftlicher Erkenntnis und philoso-phischer Welterfahrung, München: Scherz 1989, S. 61-77.

Jost, Renate, Freundin in der Fremde. Rut und Noomi, Stuttgart: Quell 1992.

Jüngel, Eberhard, Gottes Sein ist im Werden. Verantwortliche Rede vom Sein Gottes bei Karl Barth. Eine Paraphrase, Tübingen: Mohr 1965, ^{4}1986.

Keller, Catherine, Über das Geheimnis. Gott erkennen im Werden der Welt. Eine Prozesstheologie, Freiburg: Herder 2013.

Kiehn, Antje, u.a., Bibliodrama, Stuttgart: Kreuz 1987.

Kitamori, Kazoh, Theologie des Schmerzes Gottes, Göttingen: Vandenhoeck & Ruprecht 1972.

Koch, Traugott, Mit Gott leben. Eine Besinnung auf den Glauben, Tübingen: Mohr ^{2}1993.

Körner, Reinhard, „Bleib nicht zurück am Ufer ..." Einladung zum Leben mit dem dreieinigen Gott, Leipzig: Benno 1998.

Küstenmacher, Marion/ Haberer, Tilmann/ Küstenmacher, Werner Tiki, Gott 9.0. Wohin unsere Gesellschaft spirituell wachsen wird, Gütersloh: Gütersloher 2010.

Laeuchli, Samuel, Das Spiel vor dem dunklen Gott ... „Mimesis", ein Beitrag zur Entwicklung des Bibliodramas, Neukirchen-Vluyn: Neukirchener 1987.

Langer, Heidemarie, u.a., Wir Frauen in Ninive. Gespräche mit Jona, Stuttgart: Kreuz 1984.

Langer, Heidemarie, Vielleicht sogar Wunder. Heilungsgeschichten im Bibliodrama, Stuttgart: Kreuz 1991.

Lehming, Sigo, So wie ein Mann mit seinem Freunde spricht, Dettelbach: J. H. Röll ^{4}2011.

Lembke, Ingo, Christentum unter den Bedingungen Lateinamerikas. Die katholische Kirche vor den Problemen der Abhängigkeit und Unterentwicklung, Frankfurt/M.: Peter Lang 1975.

Lindgren, Torgny, Bathseba. Roman, München: Carl Hanser 1987.

Luther, Martin, Das Magnificat verdeutscht und ausgelegt (1521), in: Kurt Aland (Hrsg.), Luther deutsch. Die Werke Martin Luthers in neuer Auswahl für die Gegenwart, Band 5, Göttingen: Vandenhoeck & Ruprecht 1963, S. 274-340.

Lutherisches Kirchenamt (Hrsg.), Unser Glaube. Die Bekenntnisschriften der evangelisch-lutherischen Kirche. Ausgabe für die Gemeinde. Bearbeitet von Horst Georg Pöhlmann, Gütersloh: Gütersloher ^{2}1987.

Mann, Thomas, Joseph und seine Brüder, Frankfurt: S. Fischer 1964.

Matthiae, Gisela, u.a. (Hrsg.), Feministische Theologie. Initiativen, Kirchen, Universitäten – eine Erfolgsgeschichte, Gütersloh: Gütersloher 2008.

Miles, Jack, Gott. Eine Biographie (1996). Aus dem Englischen von Martin Pfeiffer, München: dtv 1998, ^{4}2002.

Moltmann-Wendel, Elisabeth, Ein eigener Mensch werden. Frauen um Jesus, Gütersloh: Gütersloher 1980

Moser, Tilmann, Gottesvergiftung, Berlin: Suhrkamp 1980.

Mulack, Christa, Der Weg des Weiblichen ans Licht des Bewußtseins Jesu, in: dies., Die Weiblichkeit Gottes. Matriarchale Voraussetzungen des Gottesbildes, Stuttgart: Kreuz 1983, S. 263-333.

Müller, A. M. Klaus, Leid – Glaube – Vernunft. Signale der Geschöpflichkeit, Stuttgart: Radius 1982.

Oosterhuis, Huub, Fünf Fragmente über Gott, in: ders., Im Vorübergehn (1969), Wien: Herder & Co. ^{2}1970, S. 15-35.

Pöhlmann, Horst Georg, Abriss der Dogmatik. Ein Repetitorium, Gütersloh 1973 (inzwischen in fünfter, verbesserter und erweiterter Auflage 1990).

Rendtorff, Trutz, Gott – ein Wort unserer Sprache? (Theologische Existenz heute 171), München: Chr. Kaiser 1972.

Schall, Traugott Ulrich, Erschöpft – müde – ausgebrannt. Überforderung und Resignation: vermeiden – vermindern – heilen, Würzburg: Echter 1993.

Scharfenberg, Joachim, Religiöses Bewußtsein als Narzißmus? In: Religion, Selbstbewußtsein, Identität. Psychologische, theologische und philosophische Analysen und Interpretationen (Theologische Existenz heute 182), München: Kaiser 1974, S. 10-16.

Schjelderup, Harald und Kristian, Über drei Haupttypen der religiösen Erlebnisformen und ihre psychologische Grundlage, Berlin und Leipzig: Walter de Gruyter & Co. 1932.

Schleske, Martin, Der Klang. Vom unerhörten Sinn des Lebens, München: Kösel 2010, [8]2014.

Schmidt, Werner H., Alttestamentlicher Glaube und seine Umwelt. Zur Geschichte des alttestamentlichen Gottesverständnisses, Neukirchen-Vluyn: Neukirchener 1968 ([11]2011).

Schottroff, Luise, Die Frauen und die Parteilichkeit Gottes im Neuen Testament, in: Volker Hochgrebe/ Michaela Pilters (Hg)., Geteilter Schmerz der Unterdrückung. Frauenbefreiung im Christentum?, Stuttgart: Kreuz 1984, S. 24-39.

Schwarz, Christian A., Die dreifache Kunst, Gott zu erleben. Die befreiende Kraft eines trinitarischen Glaubens, Emmelsbüll: C & P 1999.

Schwöbel, Christoph, Die Trinitätslehre als Rahmentheorie des christlichen Glaubens. Vier Thesen zur Bedeutung der Trinität in der christlichen Dogmatik, in: ders., Gott in Beziehung. Studien zur Dogmatik, Tübingen: Mohr Siebeck 2002, S. 25-51.

Sölle, Dorothee, Atheistisch an Gott glauben. Beiträge zur Theologie, Olten: Walter 1968, [3]1969.

Sölle, Dorothee, Die Hinreise. Zur religiösen Erfahrung. Texte und Überlegungen, Stuttgart: Kreuz 1975.

Sölle, Dorothee, Leiden, Stuttgart: Kreuz 1973.

Staats, Reinhart, Die Reichskrone. Geschichte und Bedeutung eines europäischen Symbols. Mit 21 Abbildungen, Göttingen: Vandenhoeck & Ruprecht 1991.

Staats, Reinhart, Theologie der Reichskrone. Ottonische „Renovatio Imperii“ im Spiegel einer Insignie, Stuttgart: Anton Hirsemann 1976.

Strahm, Doris, Aufbruch zu neuen Räumen. Eine Einführung in feministische Theologie (1987), Freiburg: Herder [3]1990.

Wagner, Horst, Barlach – „Die Sündflut“, in: Benno von Wiese (Hrsg.), Das deutsche Drama. Vom Barock bis zur Gegenwart. Interpretationen, Düsseldorf: August Bagel 1958, S. 338-356.

Wartenberg-Potter, Bärbel, Die Reise der Pachamama. Eine theologische Erzählung, Stuttgart 1989.

Weinreb, Friedrich, Buchstaben des Lebens. Das hebräische Alphabet. Erzählt nach jüdischer Überlieferung, Freiburg: Herder 1979/ Weiler im Allgäu: Thauros 1990.

Weinreb, Friedrich, Vom Sinn des Erkrankens, Bern: Origo ^{3}1986.

Wesel, Uwe, Der Mythos vom Matriarchat. Über Bachofens Mutterrecht und die Stellung von Frauen in frühen Gesellschaften vor der Entstehung staatlicher Herrschaft, Frankfurt/M: Suhrkamp 1980.

Westphal, Hinrich C. G., Auf Gottes Spur ... Katechismus für Suchende, Hamburg: Amt für Öffentlichkeitsdienst der Nordelbischen Ev.-Luth. Kirche 1993, ^{3}1997.

Wohlgschaft, Hermann, Die Sehnsucht des Menschen – eine Liebe, die nicht vergeht, Würzburg: Echter 2012.

Wolff, Hanna, Jesus der Mann. Die Gestalt Jesu in tiefenpsychologischer Sicht (1975), Stuttgart: Radius ^{2}1976.

Zahrnt, Heinz, Die Sache mit Gott. Die protestantische Theologie im 20. Jahrhundert, München: Piper 1966.

Zimmer, Siegfried, Trinitarisches Denken, in: Arbeitsgemeinschaft Missionarische Dienste (Hrsg.), Trinitarisch glauben. Brennpunkt Gemeinde 52 (1999), Heft 2, S. 47.

Zink, Jörg, Licht über den Wassern. Geschichten gegen die Angst, Stuttgart: Kreuz ^{2}1979.

Bücher von Peter Godzik

Von der Begleitung Sterbender. Referate und Beschlüsse der Generalsynode der VELKD in Veitshöchheim 1988. Hrsg. zusammen mit Jürgen Jeziorowski. Lutherisches Verlagshaus, Hannover 1989, ISBN 3-7859-0582-3.

Laßt mich doch zu Hause sterben! Hrsg. zusammen mit Petra Muschaweck. Gerd Mohn, Gütersloh 1989, ISBN 3-579-02162-1.

Verlaß mich nicht, wenn ich schwach werde. Handbuch zur Begleitung Schwerkranker und Sterbender im Rahmen des Projekts „Sterbende begleiten – Seelsorge der Gemeinde". Hrsg. zusammen mit Andreas Ebert. E.B.-Verlag Rissen, Hamburg 1993, ISBN 3-923002-66-1.

Verlaß mich nicht, wenn ich schwach werde. Kursleitungs-Handbuch für das Projekt „Sterbende begleiten – Seelsorge der Gemeinde". Hrsg. zusammen mit Andreas Ebert. E.B.-Verlag Rissen, Hamburg 1993, 2. Auflage 1996 (hrsg. zusammen mit Wolfgang Weiß)

Hoffnungsbilder gegen den Tod. Zusammen mit Reinhard Brandt und Ulrich Kühn. Lutherisches Verlagshaus, Hannover 1994, ISBN 3-7859-0680-3.

Du bist nicht allein. Ermutigung in Tagen der Krankheit. Gütersloher, Gütersloh 1995, ISBN 3-579-01343-2 / Kiefel 1998, ISBN 3-579-06153-4.

Zum eigenen Leben finden in Bildern, Texten und Symbolen. Hrsg. zusammen mit Marion Loh. EB-Verlag, Hamburg 2006, ISBN 3-936912-48-3.

Was weiß die Raupe schon vom Schmetterling. Aufbruch zu Wandlung, Freiheit und unvergänglichem Leben. EB-Verlag, Schenefeld 2007, ISBN 978-3-936912-72-2.

Lavendelduft und Sommerwind. Geistliche Erbauung aus dem Lauenburger Land. Ausgewählte Beiträge der Reihe „Wort zum Sonntag" in den Lübecker Nachrichten – Lauenburger Nachrichten. Steinmann, Rosengarten b. Hamburg 2007, ISBN 978-3-927043-33-6.

Leuchten wie des Himmels Glanz. Lebenszeichen aus dem Lauenburger Land. Ausgewählte Predigten. Steinmann, Rosengarten b. Hamburg 2008, ISBN 978-3-927043-34-3.

Hospizlich engagiert. Erfahrungen und Impulse aus drei Jahrzehnten. Steinmann, Rosengarten b. Hamburg 2011, ISBN 978-3-927043-44-2.

Der eigenen Trauer begegnen. Ein Lebens- und Lernbuch. Steinmann, Rosengarten b. Hamburg 2011, ISBN 978-3-927043-45-9.

Trauernden nahe sein. Ein Lern- und Lebensweg. Steinmann, Rosengarten b. Hamburg 2011, ISBN 978-3-927043-46-6.

Sei nahe in schweren Zeiten. Handreichung zur Vorbereitung von Ehrenamtlichen in der Trauerbegleitung. Leitungshandbuch. Steinmann, Rosengarten b. Hamburg 2011, ISBN 978-3-927043-49-7 (CD-ROM).

Sterbebegleitung – herzlich und zugewandt. Mit zahlreichen praktischen Hilfen. Steinmann, Rosengarten b. Hamburg 2012, ISBN 978-3-927043-50-3.

Die Kunst der Sterbebegleitung. Handbuch zur Begleitung Schwerkranker und Sterbender. Steinmann, Rosengarten b. Hamburg 2013, ISBN 978-3-927043-48-0.

Das Mutbuch. Impulse für die Qualifizierung ehrenamtlicher Hospizhelfender. Praxisbeilage der Zeitschrift Praxis Palliative Care, Ausgabe 20, 2013, Verlag Brinkmann-Meyhöfer.

Der Weg ins Licht. Ein Lesebuch zu letzten Fragen des Lebens. Steinmann, Rosengarten b. Hamburg 2015, ISBN 978-3-927043-63-3.

Von Worten, Sternen und anderen Kostbarkeiten. Ein geistliches Jahrbuch. Steinmann, Rosengarten b. Hamburg 2016, ISBN 978-3-927043-66-4.